第1章 日本建築の枠組み

1 日本建築とは

建築と建物、そして歴史

建築と建物

最初に〈建築〉という用語を説明しておかなくてはならない。建築とほぼ同じような意味で用いられる〈建物〉という用語がある。建築の世界では、〈建築〉はアーキテクチュア、〈建物〉はビルディング、というそれぞれ英語の訳語として使われているようである。

建物が即物的に具体的な構築物をさすのに対して、建築には、西洋において歴史的に用いられてきた建築という概念の訳語として成立してきた経緯から、建築の美的・芸術的な側面ないし背景にある文化までも含んだ意味で用いられているようである。「建築家が設計するのは建築であって、建物ではない」というように、かなり異なった意味合いで用いられることも多い。

一般の人を対象とするこの本でも、このような用いられ方を意識して、個々に即物的に述べるときは〈建物〉を用い、その造形や文化的な背景を含めて全体をさす場合は〈建築〉というように区別をすることにする。なお、建造物という言葉も用いられるが、これは建物の概念からはみだす、橋とか道路、までも含む言葉として用いられている。（ちなみに文化庁には建築関係の修理保存をあつかう建造物課があったが、名前としては今はない。）

東アジアにおける日本建築

〈日本建築〉という用語も必ずしも明確ではないので、この本では以下述べるようにその内容を限定することにする。

まず、空間としては日本列島を考える。北海道から沖縄諸島まで、ほぼ現在の日本国に重なるといっていいだろう。ここに建っている、ないし、建っていた建築を〈日本建築〉として扱うことにする。〈歴史〉であるが、普通用いる時代区分の、原始・古代から中世、近世、つまり江戸時代までに限ることにする。

これは日本の伝統的建築の歴史を考えているからである。明治維新以後、西洋から新しい建築が入ってきて日本建築は大きく変わるが、その後の問題はここでは直接的にはあつかわない。

復元された薬師寺西塔。
東塔・金堂と調和をみせている。（1994年9月撮影）

吉野ヶ里遺跡。復元された高床建物と竪穴住居。

正倉院。校倉造りの高床建物。

つまり、この本であつかうのは現在の日本の建築の前提となっている伝統的な建築の歴史ということになる。

建築の始まり

この日本列島が生物の住める環境として成立し、人類が住みつくようになったのはいつのことであったのか、たしかな根拠をもって語ることはできない。

おおよそ一〇〇万年前の旧石器時代の始まりの頃にはかなりの人々が住みついていたとは思われる。彼らの行動のなかから建築が出現したと考えられるが、最初の建築とはどのようなものであったろうか？　建築をどのように定義するかによるが、雨風をしのぐための住宅というよりは、人間として生きていくためのよりどころとなるような精神的な施設を最初の建築として考えたほうがいいかもしれない。

参道から見た宇治上神社正面。拝殿の屋根の上に本殿の屋根がのぞく。

この場合、その形が日本列島内で、自立的に成立したのか、またはどこか日本列島の外で形成されたものが移入されたものかが問題となる。そもそも日本列島に人間が移り住んできたことを考えるならば、外からと考えるのが自然であろう。日本列島でオリジナルな形で建築が成立したとは想定しにくい。

中国大陸を中心とする外の世界との関係をつねに想定して考える必要がある。実は、よく知られているように中国大陸では古い時代から高度な文明が成立していた。朝鮮半島も日本列島も中国大陸の大きな影響下にあったと考えるのが自然であろう。

日本建築も大きくみれば中国大陸から、そして場合によったら朝鮮半島から入ってきたと考えるのがよいのであろう。日本列島のおかれたこのような地理的な条件は、成立事情だけではなく全歴史時代を通じてつねに考えなければならない問題である。

2 日本建築の基礎知識

建築用語を覚えよう

組積造。中国唐長安の大雁塔。

木造。京都東福寺三門。

基本的構造 ——木造《もくぞう》と組積造《そせきぞう》

鉄やコンクリート、ガラスなどをふんだんに用いた近代建築の技術が開発される以前の伝統的建築には、地球上の地域によって多彩な構造技術があったとみられる。それらは、主に使われる材料からみて大きく木造《もくぞう》と組積造《そせきぞう》に分けることができる。木材によって基本的な構造をつくる木造と、石やレンガを積み上げて構造材とする組積造である。

木造にもその使い方でいろいろあるが、日本の場合は木造の軸組《じくぐみ》構造が主流ということになる。日本列島の伝統的な建築のなかにも、たとえば城郭《じょうかく》の石垣《いしがき》のように石造《せきぞう》部分もないわけではないし、石造のクラなどもある。しかしながらこれらは数少なく例外といっていい。部分的に木造でない場合も含めて、日本建築は木造と考えてよい。したがって、この本で取り上げるのも木造建築ということになる。

では最初に最小限の建築用語は覚えよう。建築の説明に一番いい方法は、建築のその場に行って直接指さしながら説明することであるが、実際にはこれがむずかしい。次善の方法として図や写真に頼るのであるが、その場合はどうしても最小限の建築用語を使わざるをえない。実際に用語を覚えて少しでも使うようにすれば、建築に関する理解も深まっていくはずである。

軸組《じくぐみ》と小屋組《こやぐみ》

日本の木造建築は木造軸組構造ともいって、軸組と小屋組《こやぐみ》からできている。

■木造軸組構造見取り図

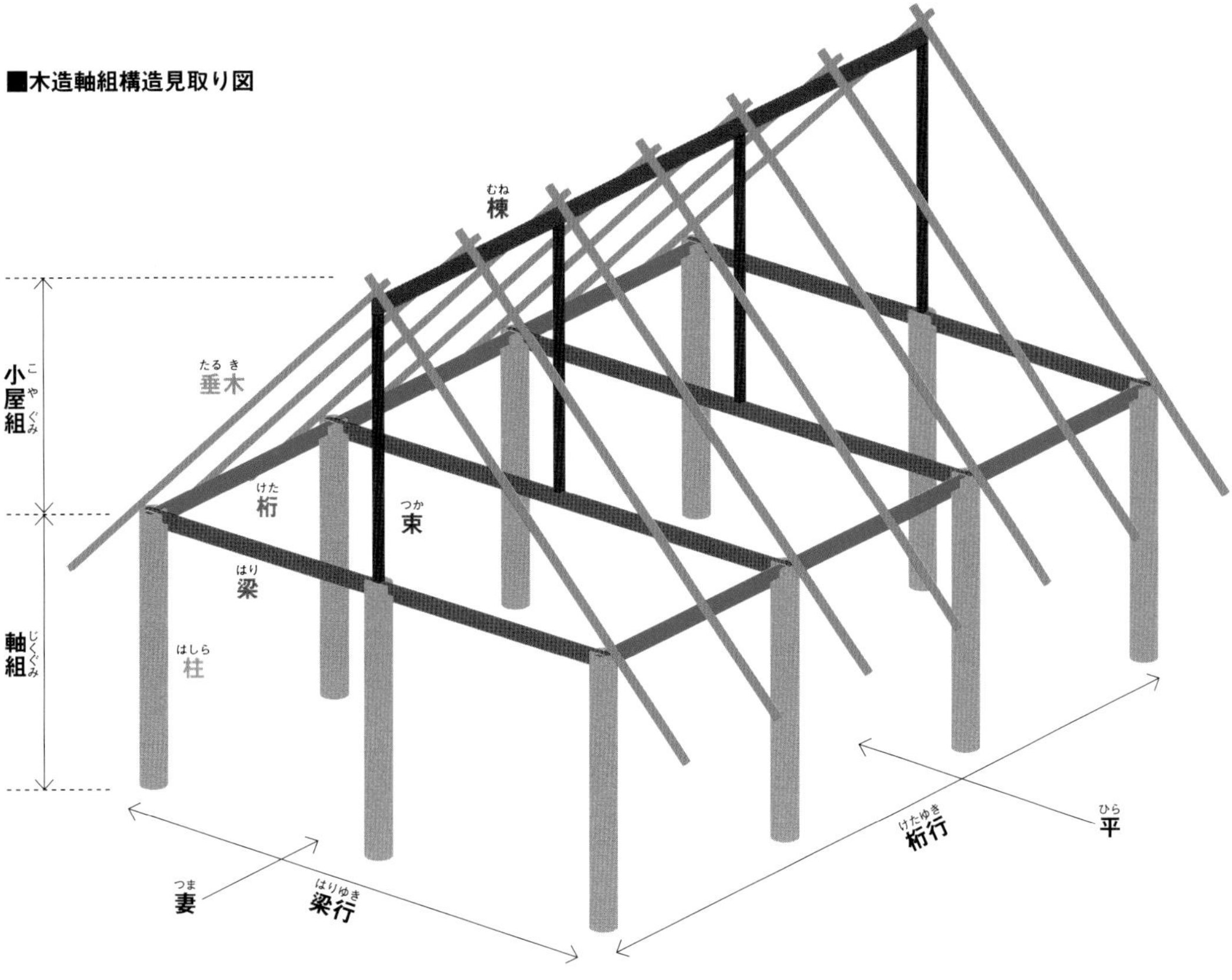

最小限の部材で構造を示した見取り図をみていただきたい。

軸組《じくぐみ》を構成するのは、柱《はしら》と梁《はり》と桁《けた》である。まず柱を垂直に建てる（柱の建て方に掘立《ほったて》、礎石《そせき》、土台《どだい》の三種類がある。一四頁コラム参照）。その上を水平につなぐ材が梁と桁である。建物の長手《ながて》方向に通すのが桁で、桁に直交して建物の短手《みじかて》方向にわたすのが梁である。

小屋組とは軸組の上に置いて三角形の屋根を構成する部分である。屋根の頂上をつくる材が棟《むね》であり、その棟と桁や梁とのあいだをつないで屋根面のあばら骨にあたるものが垂木《たるき》である。（ちなみに棟は建物に一つしかないから建物を数えるときには一棟《とう》、二棟というように棟で数える。）

これだけの説明では棟が宙に浮いてしまっているが、実際には棟は支えなければならない。支える方法に二通りある。

一つは梁の上に立つ垂直材である束《つか》によって支える方法で、これは和《わ》小《ご》屋《や》組《ぐみ》と呼ばれている（見取り図ではこれを示している。両者の比較については断面《だんめん》図《ず》を参照）。もう一つは梁か桁の上に三角形に部材を組み立てて棟を支える

■断面図

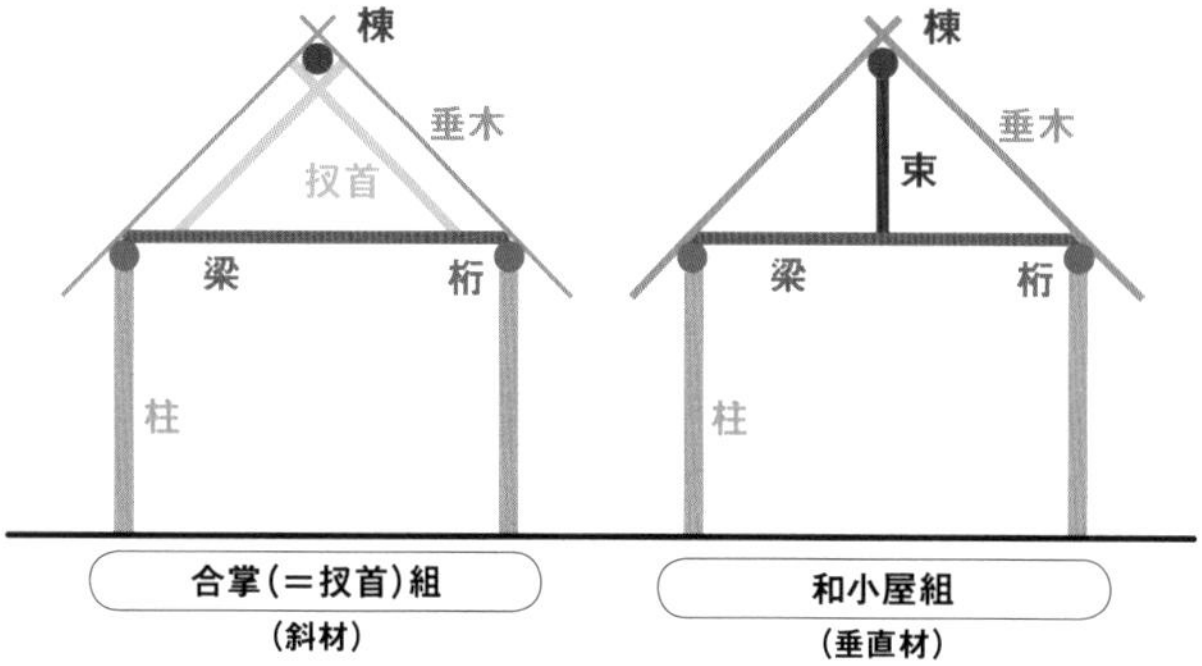

方法で、この部材を扠首《さす》（叉首）ないし合掌《がっしょう》と呼び、扠首組ないし合掌組と呼ぶ。

この二つの棟の支え方は構造原理がまったく異なり、建築としての技術的な系譜の異なることから建物としての格の違いを表現することもあり、建築史ではこの違いが大きな意味をもつ。

以上、日本の伝統的な木造建築とは、垂直材（柱）と水平材（桁と梁）を組み合わせた枠組み（軸組）の上に、三角形の屋根（小屋組）をのせたと思えばわかりやすい。

建物の方向と入り口、屋根の形

次に、このような基本的な建物を説明するための最小限の用語を知っておこう。

見取り図（一三頁参照）にも示したように、まず屋根の三角形が見える側を妻《つま》といい、そうでない側を平《ひら》という。妻に入り口があれば妻入《つまいり》、平に出入り

柱の建て方と基壇《きだん》

column

柱の建て方に「掘立」「磋石」「土台」の３種類がある。

柱の下部を直接地中に埋め込んで建てるのが掘立、地上に据えた礎石の上に建てるのが礎石建て、地上に水平に寝かせた木材である土台の上に立てるのが土台建てである。

掘立は実際には掘方《ほりかた》という大きめの穴を掘って柱を据えて位置を決め、まわりに土を入れてつき固める。礎石建ては多くの場合、基壇という土をつき固めた台の上に礎石を据える。礎石を安定させるために根石《ねいし》をおいて固定するのが普通である。土台は木材であり、仕口といって土台に穴をほって柱と組み合わせる。

■柱の建て方３種

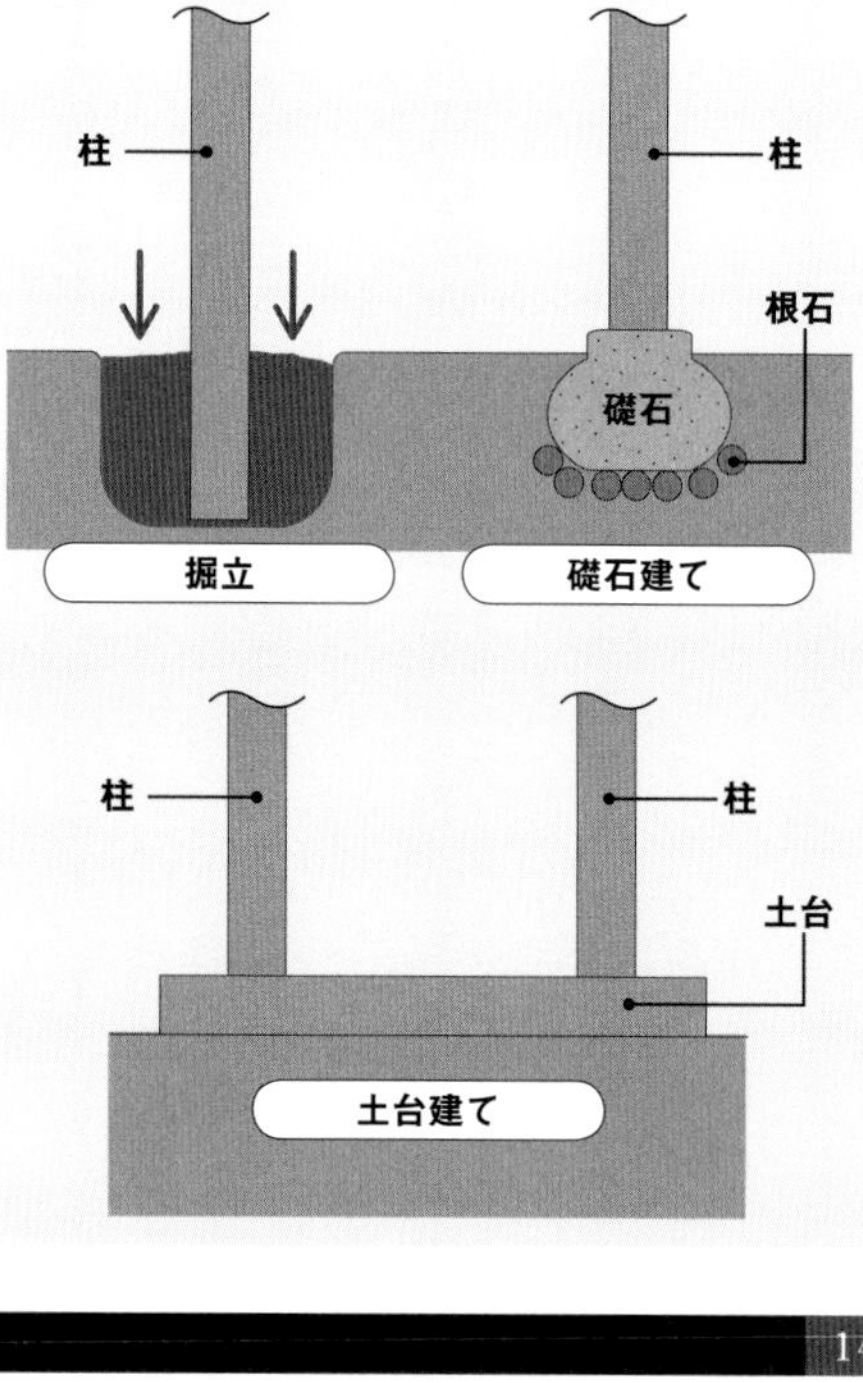

■屋根の形

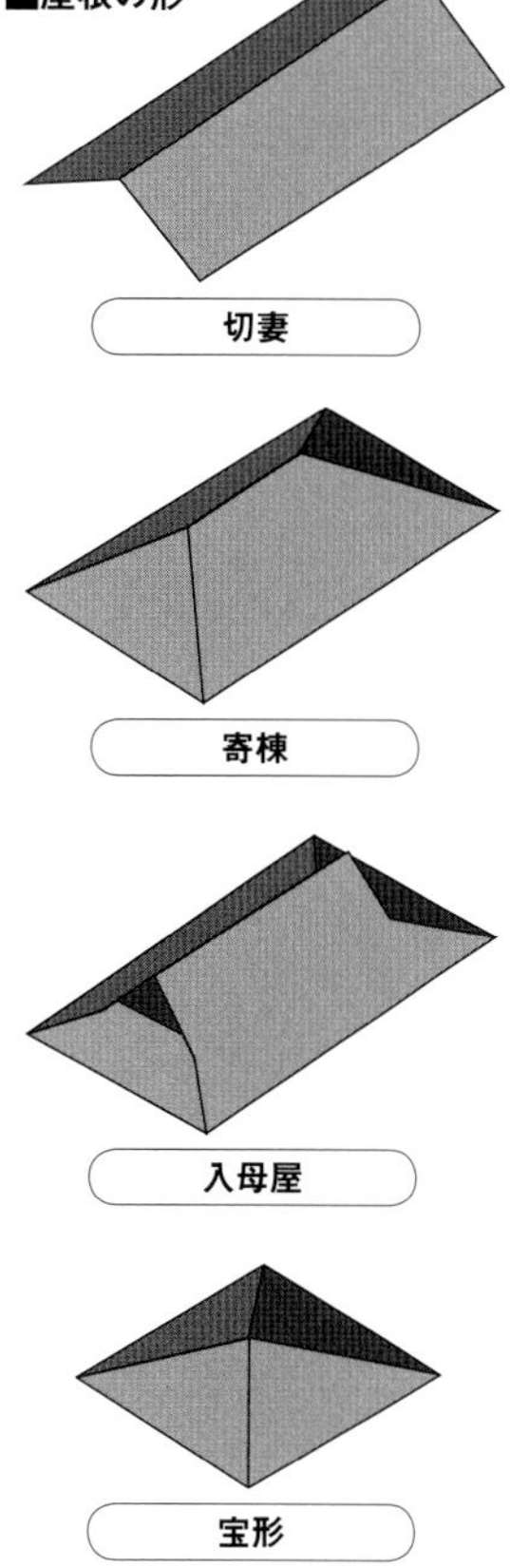

口があれば平入《ひらいり》である。入り口が両方にあれば主要な入り口をとる。この入り口のある方向が建物の正面ということになる。

建物の方向を示す言葉として、桁行《けたゆき》と梁行《はりゆき》がある。建物の長手方向になるが桁の通る方向が桁行、短い方向の梁の通る方向が梁行である。もちろん両者は直交する。

屋根の形も図に示したような切妻造《きりつまづくり》、寄棟《よせむね》造があり、寄棟の上に切妻をのせたような形の入母屋《いりもや》造がある。日本ではより複雑にみえる入母屋が尊重される傾向があるが、中国などでは寄棟が格の高い建物に用いられる。

なお、建物の桁行と梁行が同じ長さ、すなわち正方形の建物の場合、桁行・梁行の言葉は使えないし、屋根の形も宝形造《ほうぎょうづくり》という特別な形になり、妻入・平入という言葉も使えなくなる。

平面《へいめん》と断面《だんめん》

ここまでは、見取り図で建築を説明してきたが、ここで平面図《へいめんず》と断面図《だんめんず》を用いて先に進みたい。

平面図（下図参照）とは建物を水平面で切断して上部を取り除いて、上から見た状態を示している図である。それに対して、断面図（一四頁左参照）とは建物を垂直面で切断してその切り口を横からみた状態を示した図である。

平面図は建物の間取《まど》りなのであり、その使われ方、すなわち機能を示すのに都合がいい。断面図はその建物の柱の下部である基礎から最上部の棟までの建築部材の積み上げ方を表現していることになり、構造が示されることになる。この平面図と断面図があれば、その建物の機能と構造という基本的な性質が表現できることになる。

先に見た見取り図の建物を平面図と断面図で表現するとこのようになる。簡略な表現ではあるが、これで建物の基本的な性質は表現できる。小屋組の和小屋組と扠首組の違いも断面図の違いで示すと一四頁の図のような表現になる。

■平面図

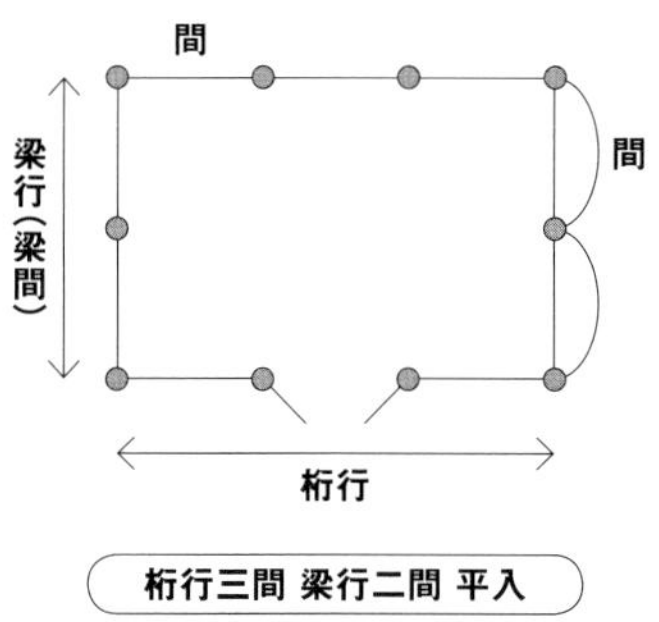

桁行三間 梁行二間 平入

柱と柱のあいだを間《けん》という

さて平面図（一五頁参照）にもどって、図をみていただきたい。このような平面を古代の木造建築では「桁行三間、梁行（梁間）二間、平入」と表現する。

どういう意味かというと、桁行方向に柱間で数えて三間、梁行（梁行は方向を示しているが間隔を示す梁間もよく用いられる）方向に二間ある（ここで使う間《けん》は柱と柱のあいだを示す用語であって尺貫法の長さの単位としての間「一・八一八メートル」のことではない。コラム参照）。平側に入り口があるので平側が正面である。という情報が含まれていることになる。

この程度の表現では建物の説明として不十分であると不安になるかもしれない。一間の長さが定まっていないのだから大きさがわからない。ほかにも壁とか建具《たてぐ》とか細かい情報がこの表現にはまったく含まれていない。

しかし、実際にはこの表現で、十分であったのである。なぜかというと、木造建築においては柱の位置が決定的な意味をもつ。出入り口も壁も建具もこの柱の位置によって決まる。さらに上部の桁も梁も、したがって屋根の構造もこの柱から決まるのであって柱の位置と壁と建具がわかれば建物全体の構造は理解できるのである。一間の長さも時代と建物の種類によってだいたいは決まっていたからである。

間面記《けんめんき》法《ほう》と母屋《もや》と庇《ひさし》

さらに先に進んで、右下のような平面図の建物を何というか？「桁行五間、梁行四間」でもちろん間違いではないが、日本の古代建築の場合、ちょっと違う表現をとっていた。

すなわち、このような平面の建物を、「三間四《さんけんし》面《めん》」と表現するのである。図面に示したように、この建物は柱が二重に回っていて、内側を母屋《もや》、外側部

■母屋庇空間構造

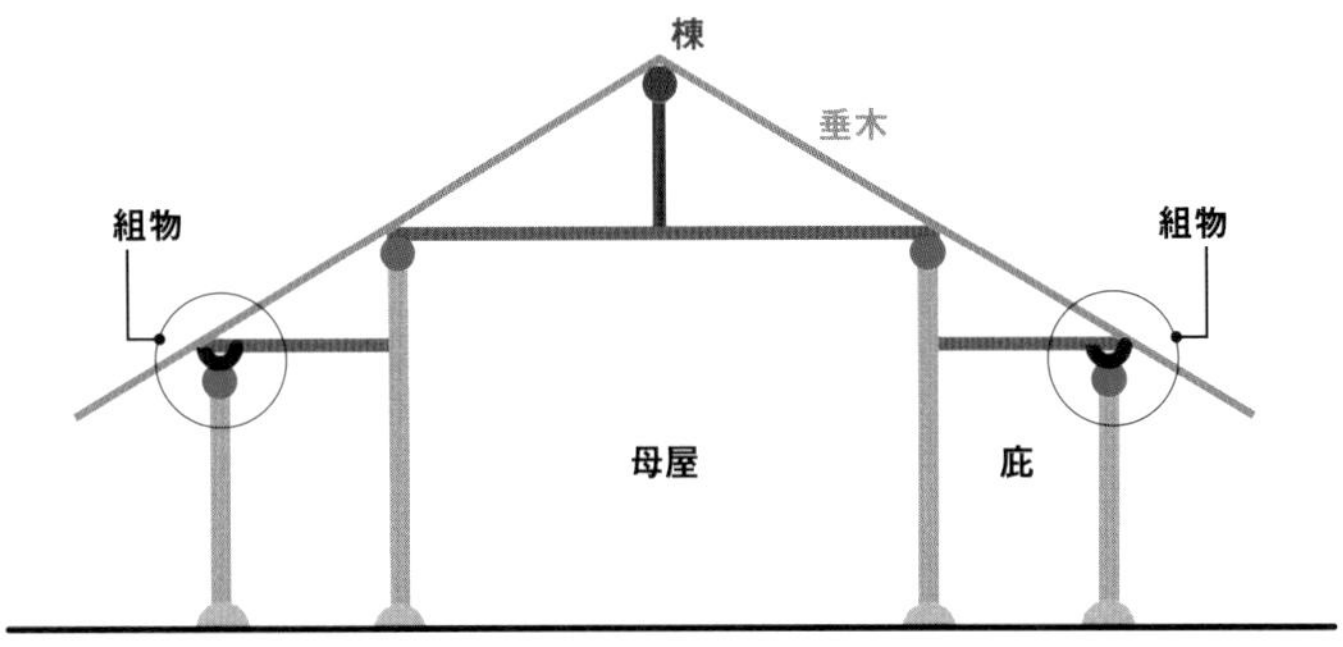

■三間四面平面図

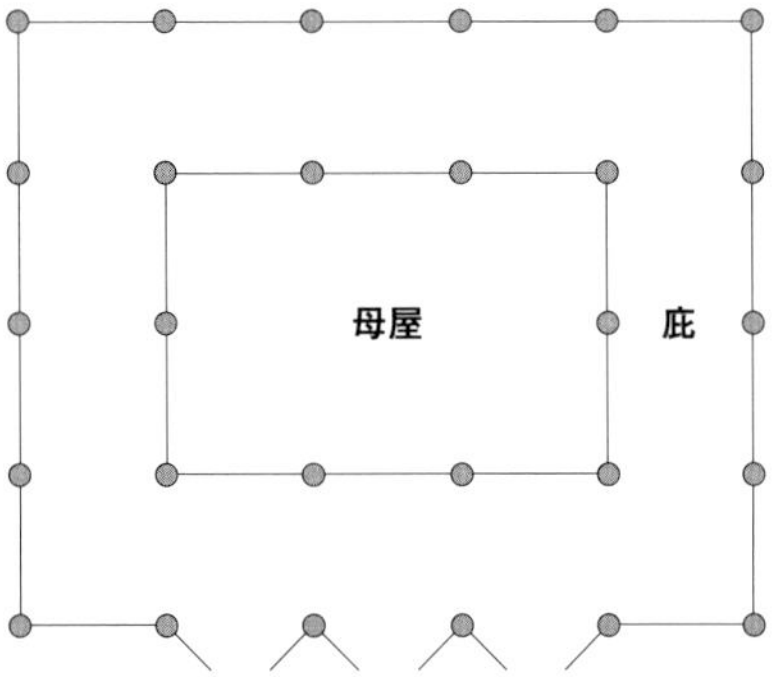

分を庇《ひさし》という。この母屋（身舎、身屋などの文字も使う）と庇（廂の文字もある）こそが日本の古代建築を理解する鍵である。というよりは日本の古代建築は母屋・庇の空間構成をもっていることが最大の特徴なのである。この構成は平面だけではなく、断面図（一六頁左下参照）に示したように、空間構成にも明確に表現されていた。すなわち、母屋の上部は求心的に高くなっていて、低い庇とは明確に区別されていた。仏教建築でもまた寝殿造《しんでんづくり》のような住宅においても母屋と庇の空間構成は空間の序列を示す空間表現として大きな意味をもっていた。

建物がなぜこのような構成をとっているのかは、その形成過程を考えるとわかりやすい。「桁行三間梁行二間」の建物を拡大するにはどうするか？　庇をつければいいのである。この場合、図にも示したように一面にとりつけると一面庇、二方向につけると二面庇、三方向では三面庇、そして四方向では四面庇ということになる。ただこのような四面庇では角の部分が切れていて使いにくいので実際には四隅に柱を立てて庇をつなぐので、庇がぐるっと回る形になる。つまり、このようにしてできあがった母屋の桁行が三間で四面庇の建物を「三間四面」と表現したの

一間《いつけん》の長さは決まっていない

column

ここでいう間《けん》とは、柱と柱のあいだのことで、尺貫法《しやつかんほう》と呼んでいる日本の伝統的な長さや重さの単位の体系でいう、1間＝1.818メートル（これは1尺＝0.303メートルで6尺と定められている）の実長のことではない。つまり長さとしては決まっていない。

ただしかし時代と建物の種類によってだいたいの長さは決まっていて、古代の住宅である寝殿造《しんでんづくり》では10尺が標準であった。時代が下るにつれて短くなり、鎌倉時代の住宅で7尺、近世初頭の近畿地方で6尺5寸であった。これが固定化したものが京間《きようま》でいう一間である。

近世になるとさらに小さくなり、田舎間《いなかま》6尺一間は関東一円で普及した。住宅の場合、畳が敷かれるようになると、京間で建てられた建物に入る京間畳と田舎間の建物に入る田舎畳では大きさが違うことになる。今でも関東の人間が関西にいくと微妙に畳が大きいことに気がつくことになる。

庇《ひさし》を貸して母屋《おもや》を取られる

column

庇《ひさし》という言葉は、現在の用法では帽子の出っ張りのことであり、建物の場合は出入り口や窓の上に雨よけについた小さな屋根のことをさす場合が一般的である。軒と同じような意味で用いられている。

古代建築の場合はここで説明したように、柱を建てて囲った建物の一部、すなわち部屋のことをいうのであり、少し意味が異なってしまっている。この慣用句の意味は建物の部屋としての意味で用いてはじめてその意味内容がよくわかると思われる。

である。このような建物の表記法を「間面記《けんめんき》法《ほう》」と呼んでいる。

　でもこの表現では梁行方向が三間なのか四間なのかわからないと心配の向きもあるかもしれない。しかしながら、古代において母屋の梁行は二間とほぼ決まっていた。実際に、母屋の梁間長さは母屋にわたして架ける梁の長さで決まるので、さほど長くはできなかったのである。二間で、仮に一間一〇尺とすると六メートルほどの材が標準であったということになる。

■間面記法

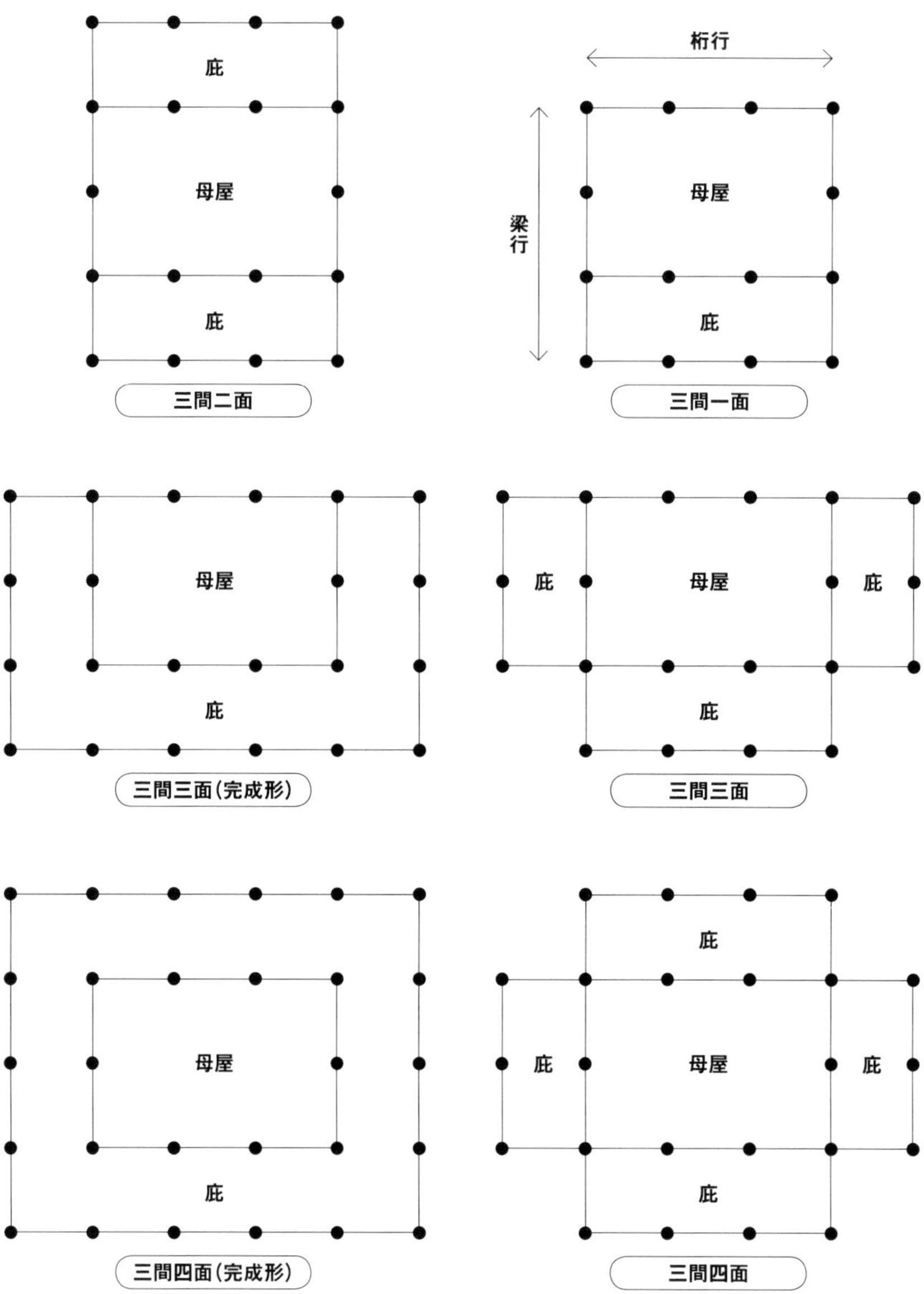

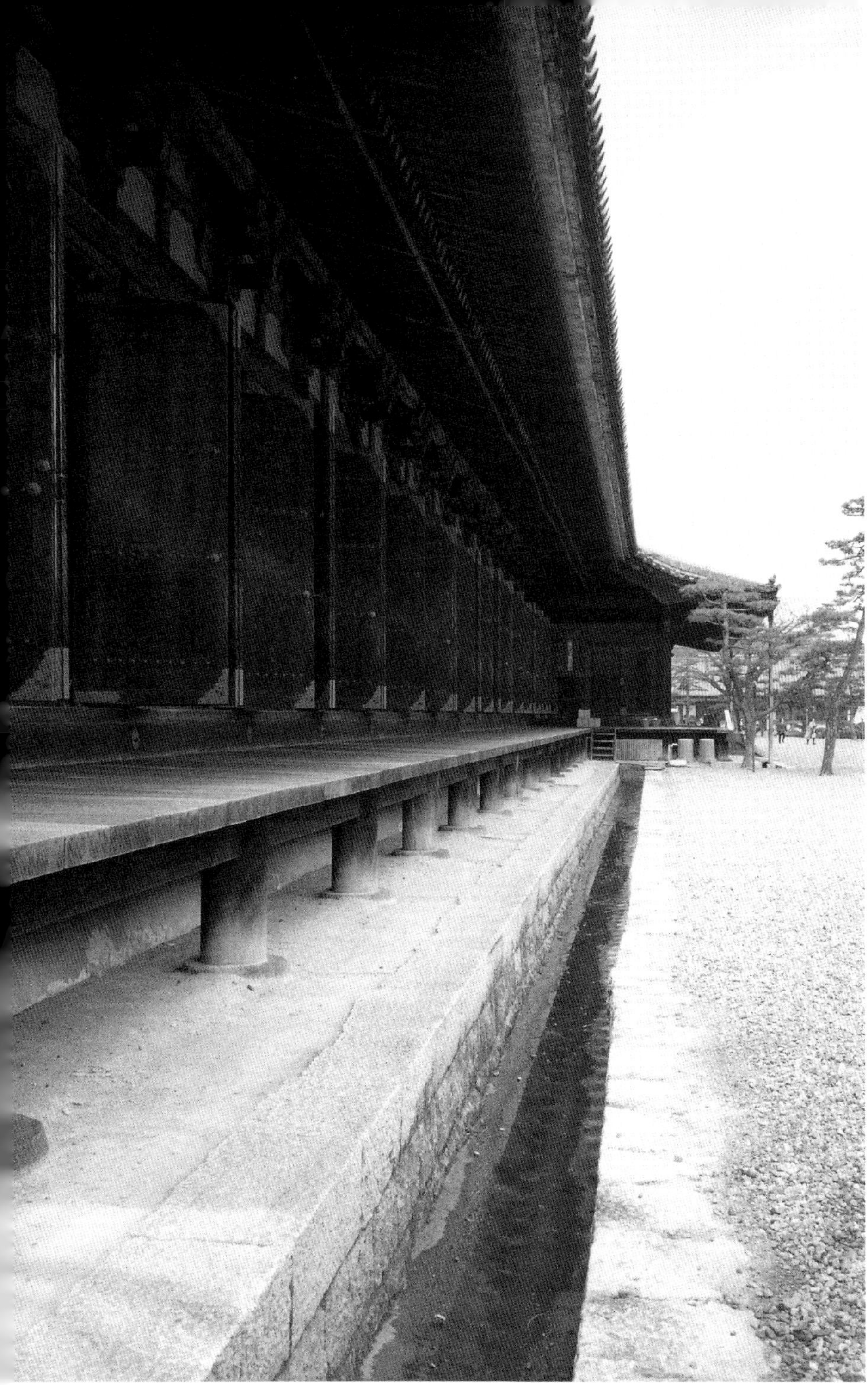

蓮華王院本堂(三十三間堂)。一間ごとに扉がつけられている。

このような説明で察しがつくと思うが、古代の建物は梁行方向には長さ二間の庇の前後に庇がついても四間がほぼ限界で、これ以上奥行きの深い建物をつくることはむずかしかった。梁材の長さの問題と、庇は軒が低くなってあまり長くはできなかったからである。ただところが、桁行方向には桁と棟さえつなげばいくらでも延長ができた。理論上は五〇間でも一〇〇間でもつくることはできる。京都東山の三十三《さんじゅうさん》間堂《げんどう》という建物は母屋の桁行が三十三

■古代寺院の伽藍配置図

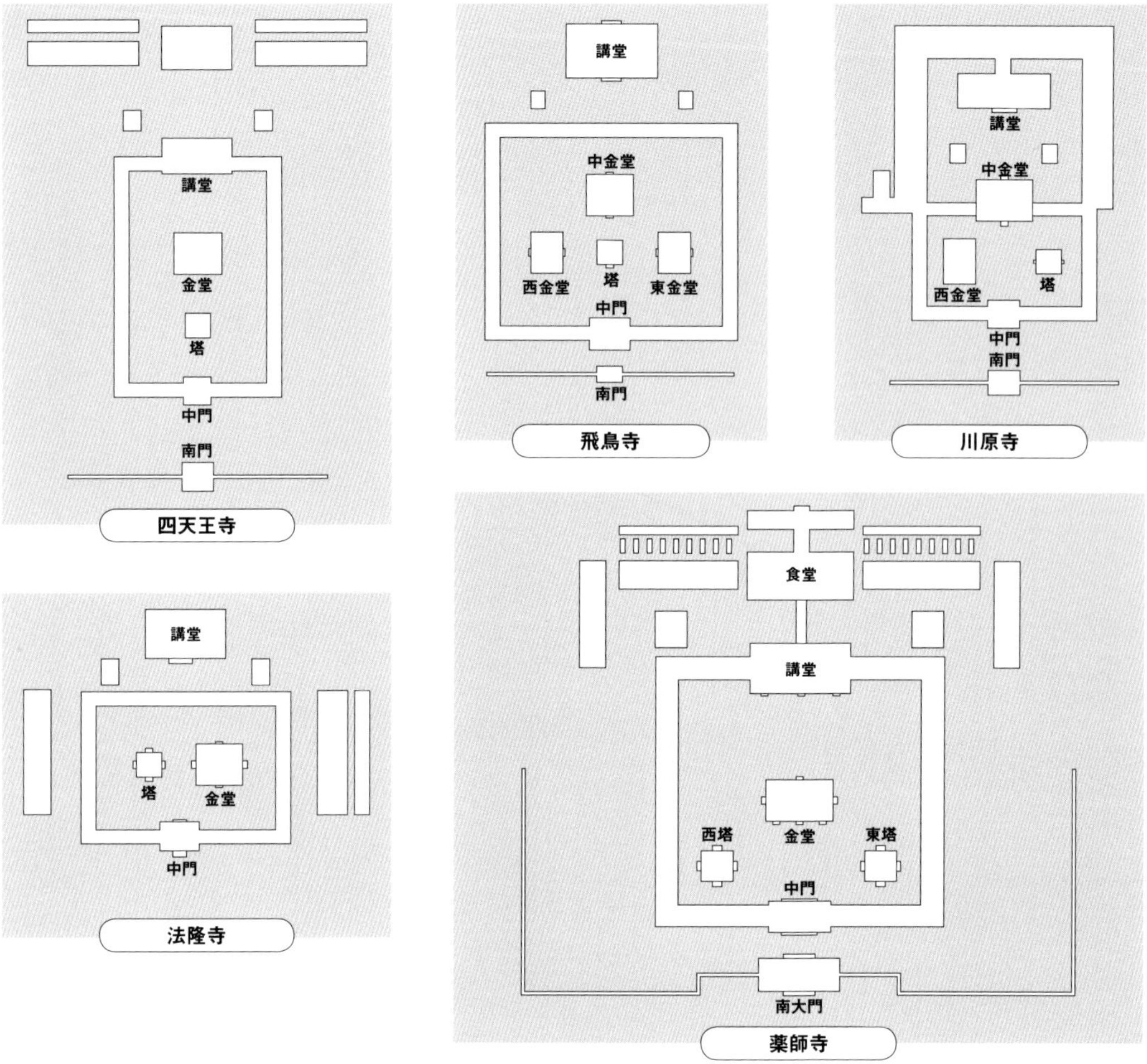

間ある建物ということが通称になったものなのである。

建物名称と配置

さて実際に伝統的な建築を見にいくことを想定しよう。お寺でも神社でも、また御殿のような建物でもいいが、単体、すなわちその建物だけが建っていることはまずない。複数の建物で建築を構成していることが普通である。まわりを囲んでいる区画の建物があり、内部の配置が決まっていて、ある種の原則がある。建物配置は、建築の種類や規模など条件によってさまざまであり、しかもこれは時代によって大きく変わる。

わかりやすい例では、古代寺院で用いる七堂伽藍《しちどうがらん》という言葉がある。仏舎《ぶつしゃ》利《り》を祀《まつ》る塔、本尊《ほんぞん》を安置する金堂《こんどう》、経を講ずる講堂《こうどう》、これらを回る回廊《かいろう》、回廊正面に開かれる中門《ちゅうもん》、経蔵《きょうぞう》、鐘楼《しょうろう》な

太山寺伽藍（愛媛県松山市）。

どの七棟に代表される建物で仏教建築は構成されていた。このような状態を七堂伽藍と表現したのである。なお古代の寺院には僧侶がたくさん住んでいたので、その宿舎である僧坊《そうぼう》も伽藍全体としては広い面積を占めた。

　建物を平面的に配置した図を配置図という。この配置図によって実際の伽藍配置を少しみておこう。古い時代の伽藍配置として、図に示したように中門・塔・金堂・講堂を中心軸上に一直線状に並べる四天王寺《してんのうじ》式《しき》と、回廊内に金堂と塔を左右非対称に並べる法隆寺《ほうりゅうじ》式《しき》が知られている。他にも飛鳥寺《あすかでら》、川《か》原寺《わらでら》など多様な伽藍配置があったことが六世紀から七世紀の飛鳥《あすか》時代の寺として知られている。

熊野神社長床（福島県喜多方市）。

日本の伽藍配置の変化

このような飛鳥時代の伽藍配置の多様性は、中国大陸ないし朝鮮半島から仏教建築を導入した際にもちこまれた伽藍配置がもともと多様であったことと、日本列島内でさらに独自に変化発展したためと考えられる。日本建築の傾向として、中国大陸では左右対称で奥行きのある配置であったものが、法隆寺のように左右非対称で並列的な配置に変わる傾向があることが知られている。

　それから七世紀の飛鳥時代から八世紀の奈良時代へ変化する大きな傾向として、伽藍の中心が塔から金堂に移っていくことがある。飛鳥寺や四天王寺の伽藍ではあくまで塔が中心であるのに、法隆寺では金堂に並ばれてしまい。薬師寺《やくしじ》では逆転が起こって塔の地位が下がり二つに分かれてしまう。でもまだ薬師寺では塔が回廊の中にあったのに、東大寺《とうだいじ》や興福寺《こうふくじ》では回廊の外に追い出されてしまう。

　左右対称で奥行きのある伽藍配置の原理は中国大陸では時代をとおして踏襲されているようで、鎌倉時代に当時の宋《そう》から新たに禅宗《ぜんしゅう》寺院の様式が導入された際も、建長寺《けんちょうじ》伽藍配置図に示したように、左右対称の奥行きの深い配

■禅宗寺院の伽藍配置図（建長寺）

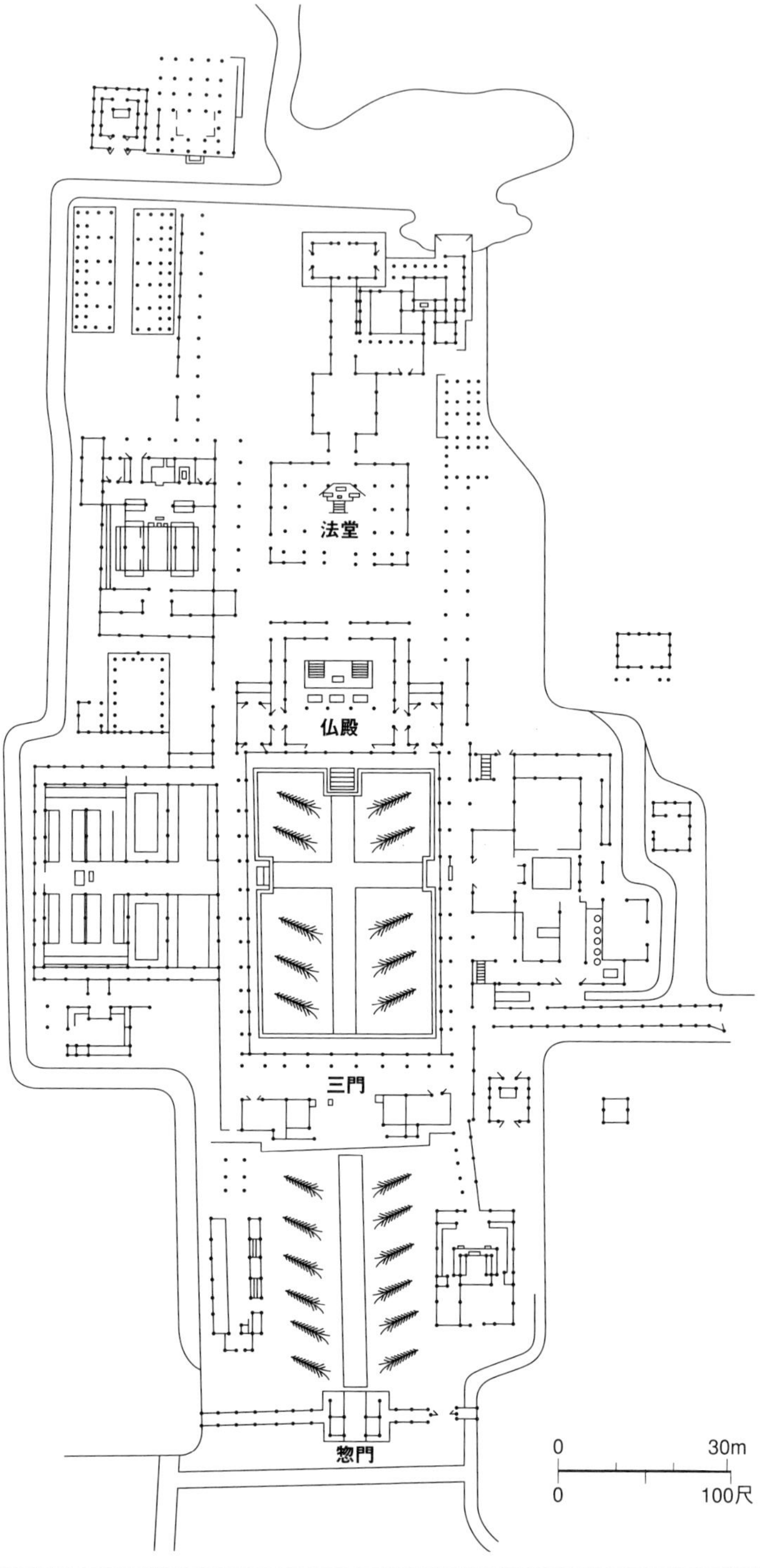

置である。ただ禅宗寺院の配置も、中世の日本で継承されていく過程で原則はすぐくずれてしまったようである。

なお、建物配置の左右対称ということでいうと、平安時代の貴族の住宅である寝殿造も中国の影響が強いと想定される初期のものは左右対称であるのに、しだいにくずれていく。中世末から近世初頭にかけての時期に、寝殿造から書院造《しょいんづくり》へ移行した段階では、左右対称の片鱗《へんりん》も残されていないといってよい。

神社の社殿配置

神社も寺院ほど明確ではないが、配

置の原理は決まっていた。

　なかでも伊勢《いせ》神宮《じんぐう》の配置は特別で、内宮《ないくう》の場合、南北に長い敷地の中央北寄りの正殿《せいでん》、後方東西の宝殿《ほうでん》を囲んで瑞垣《みずがき》、内玉垣《うちたまがき》、外玉垣《とのたまがき》、板垣《いたがき》が回り、南側前面に門を開いていた。

　個々の建物はもちろん違うが、配置としては寺院建築によく似た構成である。神社建築の素朴な本来の姿にはこのような整然とした構成はおそらくなかったのであろうが、飛鳥時代に仏教建築が導入されてその華やかな外観と

■伊勢神宮配置図

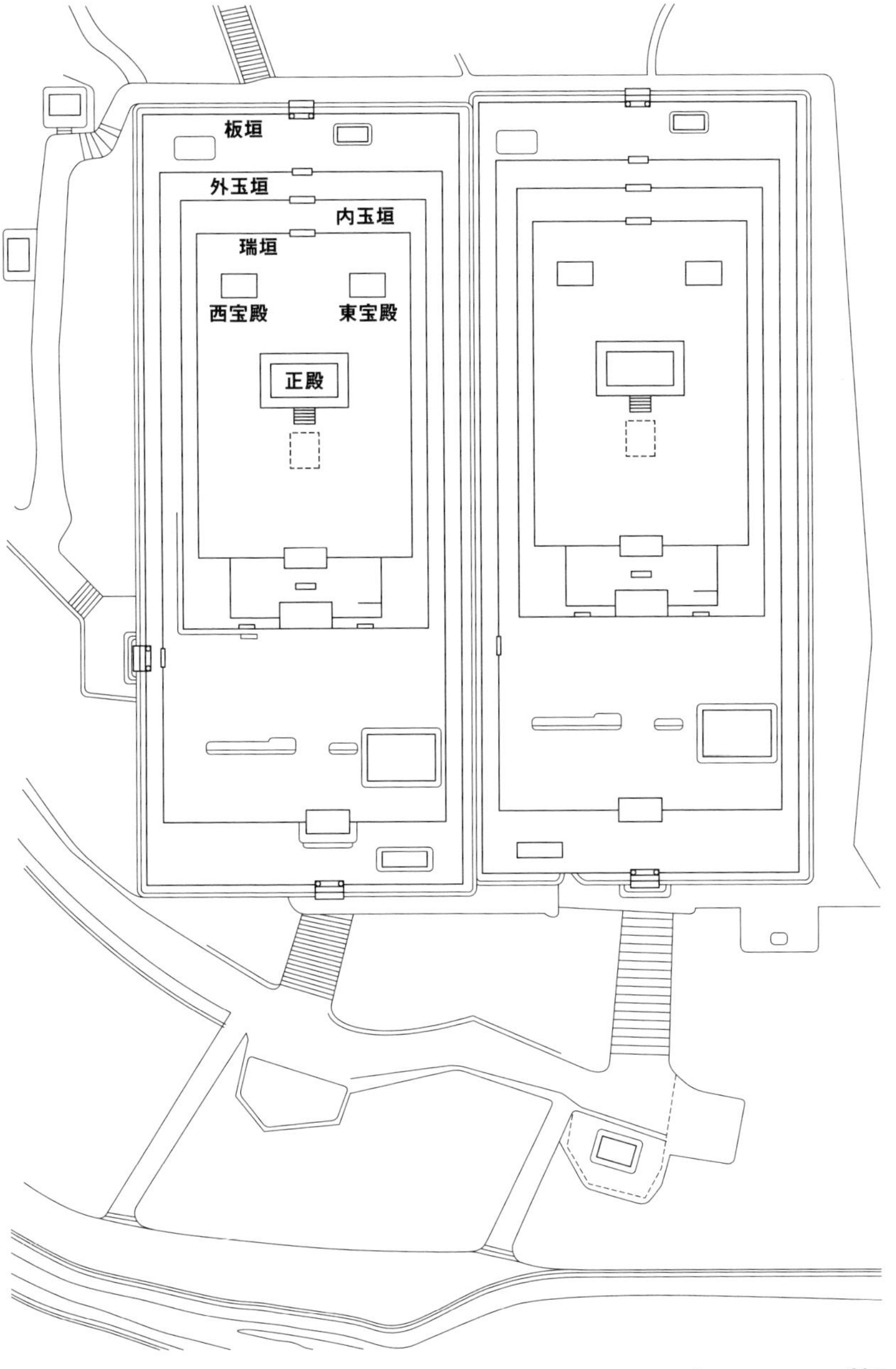

■組物模式図（正面から見たところ）

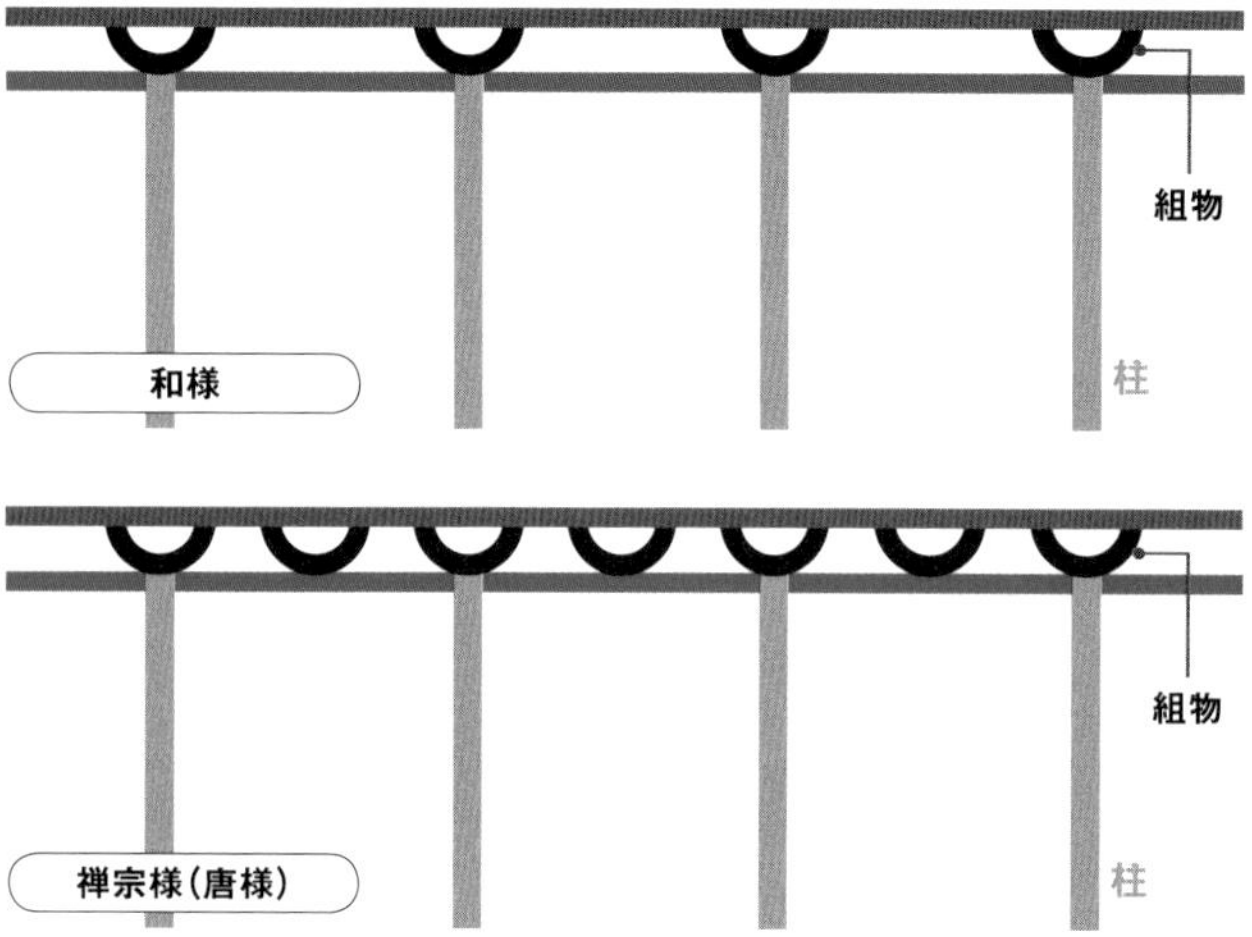

■組物模式図（断面を示した）

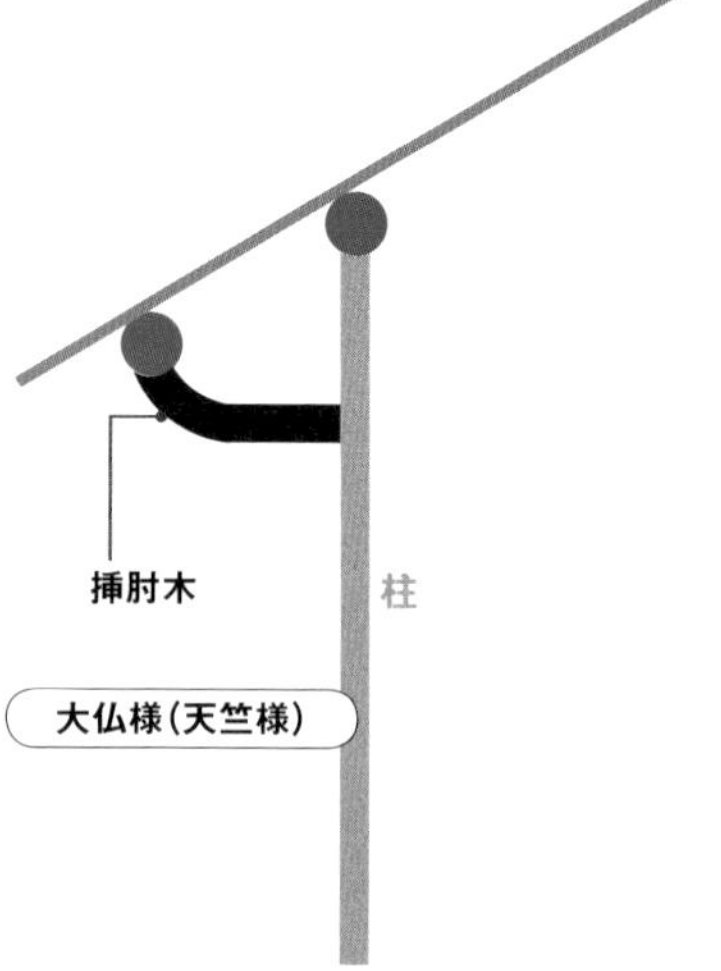

整然とした構成に接したとき、神社側としては寺院に対抗するために、建築の表現はともかくとして、このような整然とした構成配置がつくられたのではないだろうか。古代の神社建築においては多かれ少なかれこのよう現象がみられるようである。

さらに、伊勢神宮の現在の配置にかぎって特別なのは、先に述べたような同形同大の敷地が二つ東西に並んでいることである。これは式年造替《しきねんぞうたい》（または式年遷宮《せんぐう》。四一頁のコラム参照）といって二〇年ごとにすべての建物を建て替える習慣が、七世紀末の持統朝《じとうちょう》以来、途中の断絶期はあったものの、踏襲されており、交互に使用する二つの敷地が必要なためである。

組物《くみもの》の登場

建築用語の最後に組物《くみもの》の話をしなければならない。日本の伝統的建築を理解するには組物に関する知識がもっとも有用である。組物とは、一六頁の断面図にも○で囲って位置を示したように、柱と梁・桁がぶつかる部分に用いられる部材である。柱の上にあって梁と桁を支えることになるので、梁と桁の上にのっている小屋組を支えていることになる。

このように組物の本来の役割は、柱と梁と桁が接する柱上部をうまく接合して構造的に補強することである。さらに組物は、小屋組の垂木《たるき》を支える支点としての桁を建物の柱よりも外にもちだすことにより、屋根の軒の出を深くする働きを果たすことになる。この軒の出が深いことも、中国大陸や朝鮮半島の建築に比べて日本建築の大きな特徴である。

なお、奈良時代など古い時期の建築では、このような構造的な役割が大きいのであるが、時代が下がって平安時代以降、建築全体の構造が発展して複雑になると、組物は構造材というよりもむしろ装飾材としての意味が大きくなってくる。すなわち構造的な役割のない、見せかけの建築部材になってくる。つまり組物は寺院建築や、そして

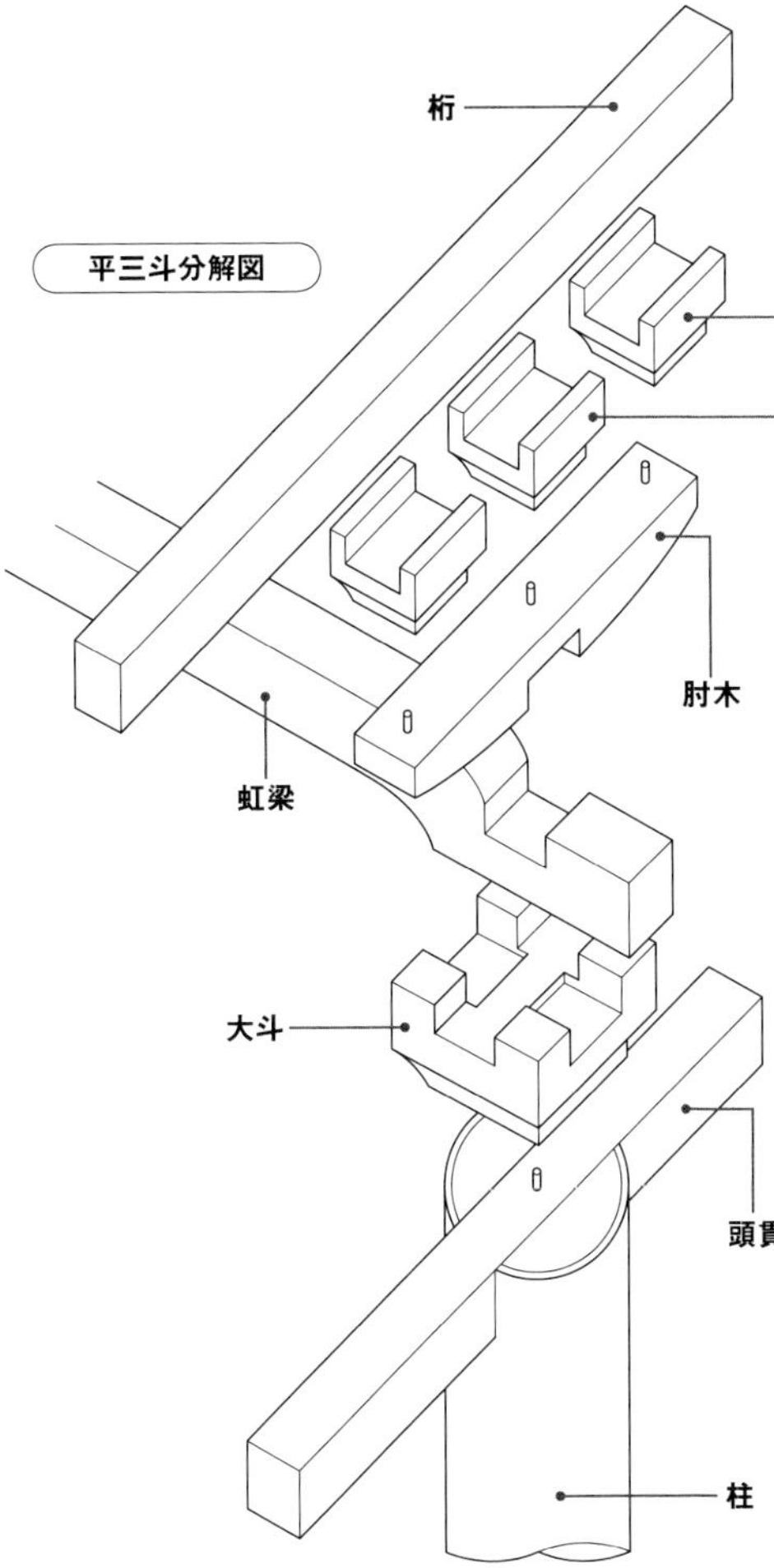

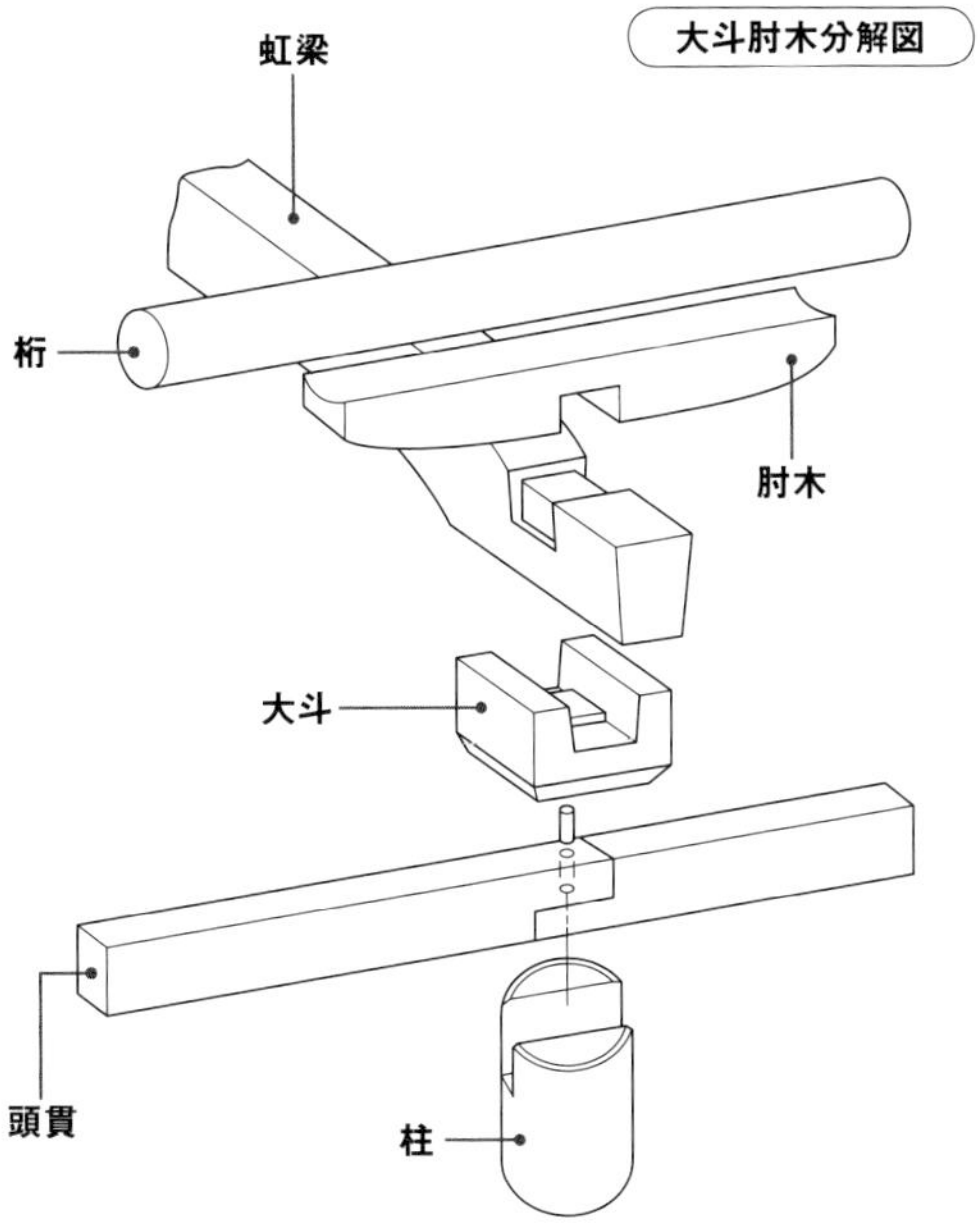

その影響を受けた神社建築において建築表現のうえでは重要な飾りの一種となるのである。

組物の基本原理と種類

では、組物とはどのようなものか？　その形態は、升のような立方体にみえる枡《ます》（升《ます》や斗《ます》も用いる）という部材と、肘木《ひじき》という人間の肘の形に似た部材を組み合わせたものである。組物を斗栱《ときょう》ともいうのは、漢字で斗が枡、栱が肘木のことだからである。

組物には柱との関係でみると三つのタイプがあって、それぞれ仏教建築の様式に対応している。

①柱の上だけにあるのが和様《わよう》。
②柱の上だけではなく柱の中ほどにもあるのが大仏様《だいぶつよう》（天竺様《てんじくよう》）。
③柱の上だけではなく、柱と柱のあいだにもあるのが禅宗様《ぜんしゅうよう》（唐様《からよう》）で

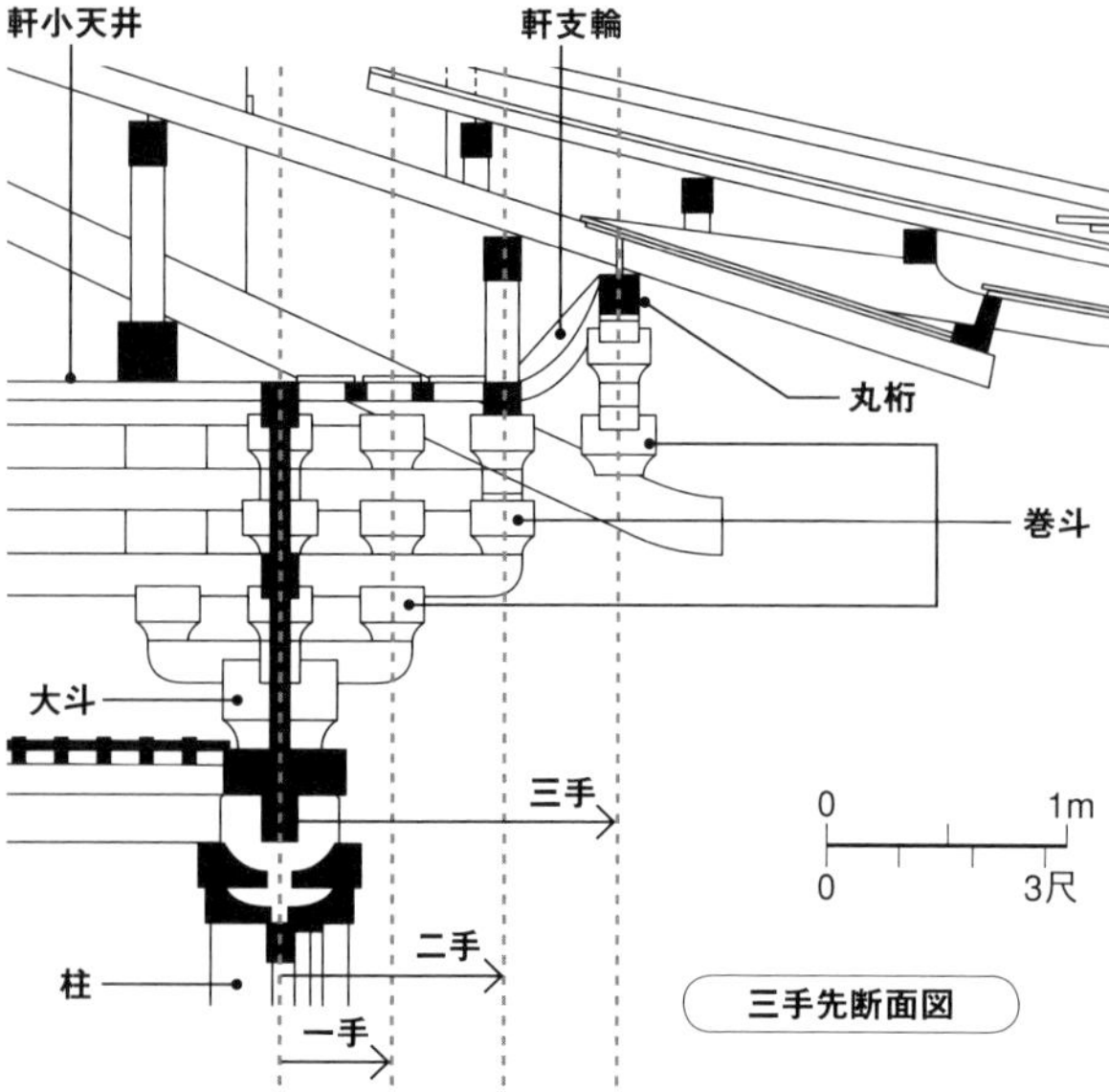

三手先断面図

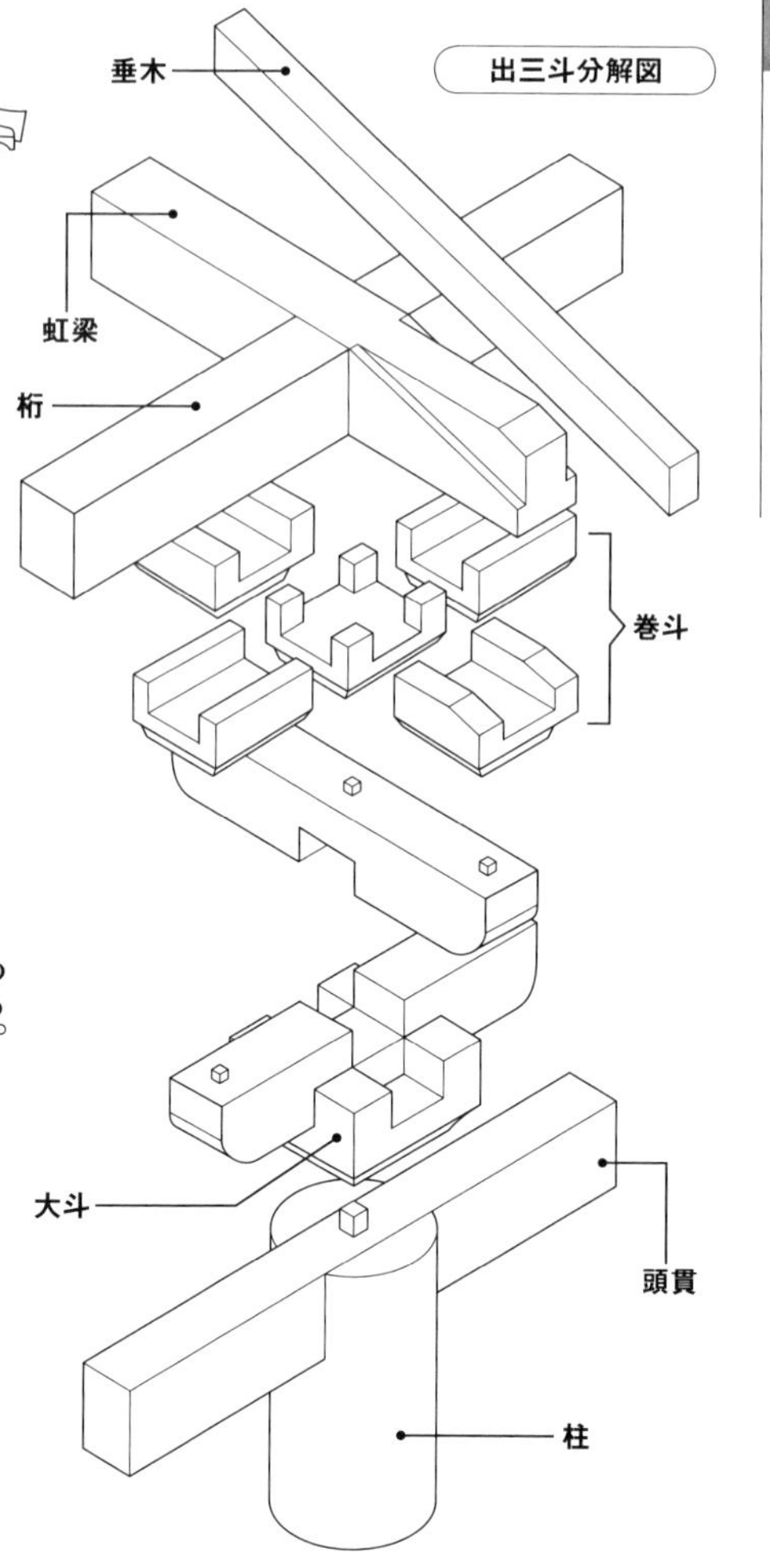

出三斗分解図

ある。

この三つの様式の違いは日本の仏教建築の歴史全体を通じて大きな意味をもっているので、仏教建築の項で再度説明する。

ここでは和様に代表させて組物の種類をみることにする。枡と肘木を順に積み上げていくのであるが、その組み合わせによって簡単なものから複雑なものへと進歩変化していく。（柱の上に肘木のみをのせる舟肘木《ふなひじき》があるが、枡もないので組物には入れない。）

組物として一番簡単なものは大斗《だいと》肘《ひじ》木《き》といって、柱の上の枡（大斗という）に肘木をのせて桁を支えるものである。

大斗の上に肘木をのせてさらに枡（巻《まき》斗《と》という）を三つならべて桁を受けるのが平三斗《ひらみつと》、桁と交差する梁を受けるために肘木を柱上で十字形に交差させて桁と虹梁《こうりょう》（上に反った梁を虹梁という）を支えるのが出三斗《でみつと》である。このように和様では肘木の上に枡を三つ並べるのが基本単位となる。

出三斗の建物の外から見て前面手前に飛び出した肘木の先の枡にさらに肘木を桁行方向にのせ、枡三つで桁を支えると出組《でぐみ》になる。この際重要なことは、柱筋（建物の壁の面）からみて垂木を支える桁（丸桁とかいて「がぎょう」と読む）が肘木の半分だけ手前に出たということである。垂木を支える支点がせり出したことで屋根の軒の出が深くなったのである。組物の実際の効用ではこれが大きい。

このような肘木のせり出しを一手《ひとて》と数えて、せり出した部分を手先《てさき》という。以下同じように枡を肘木を積み上げてせり出し、二手先《にてさき》、三手先《さんてさき》と組物は順次複雑になっていく。出組は同じ原理でいったら一手先ということになるが、言葉としては使わない。

このように言葉でとりあえず説明は

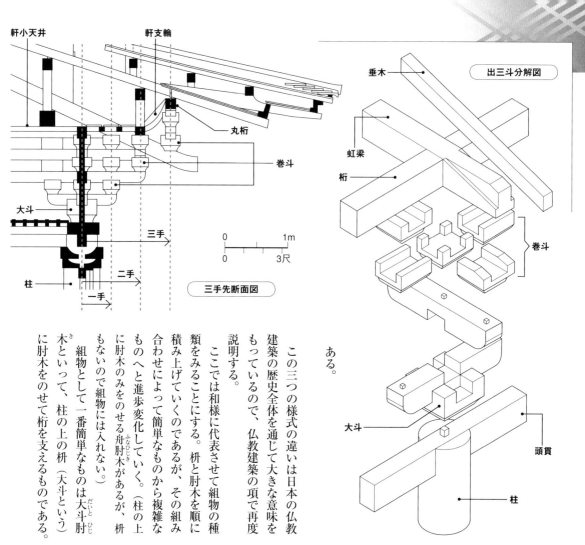

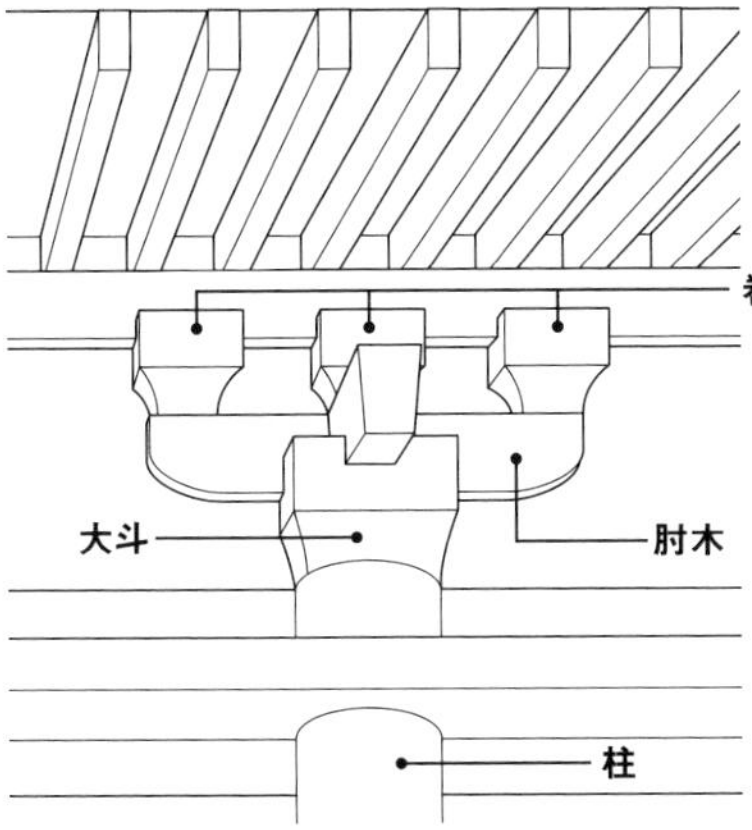

平三斗

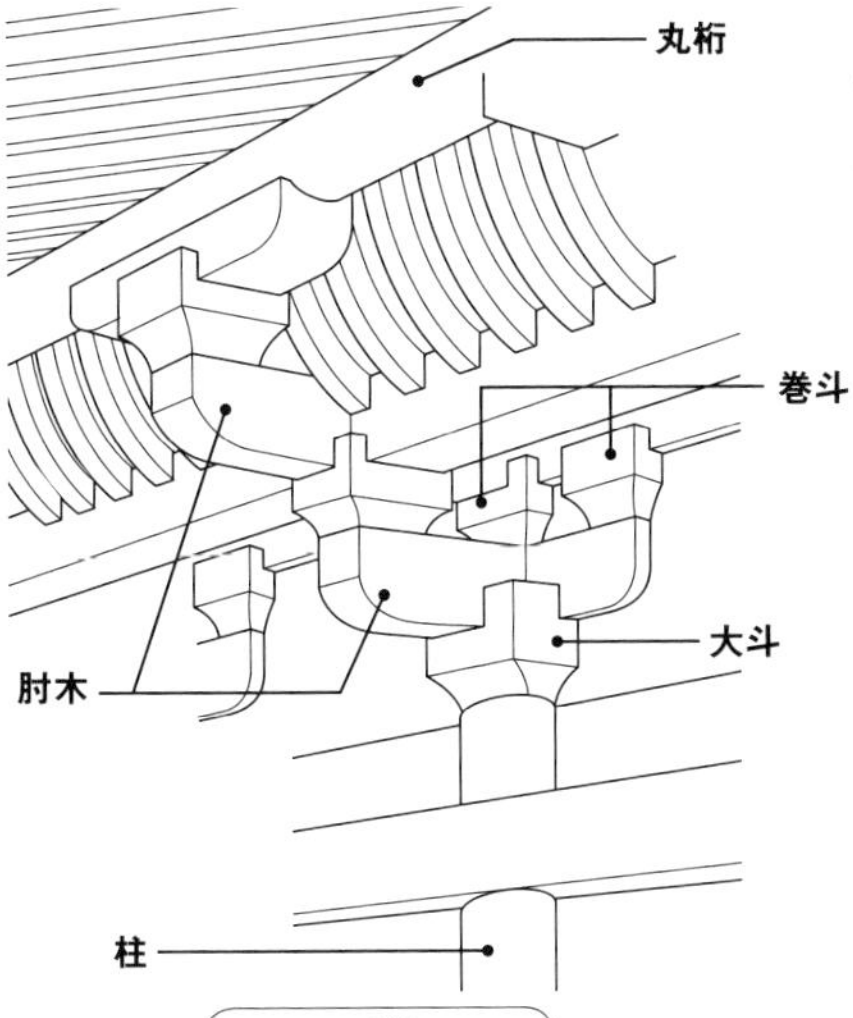

二手先

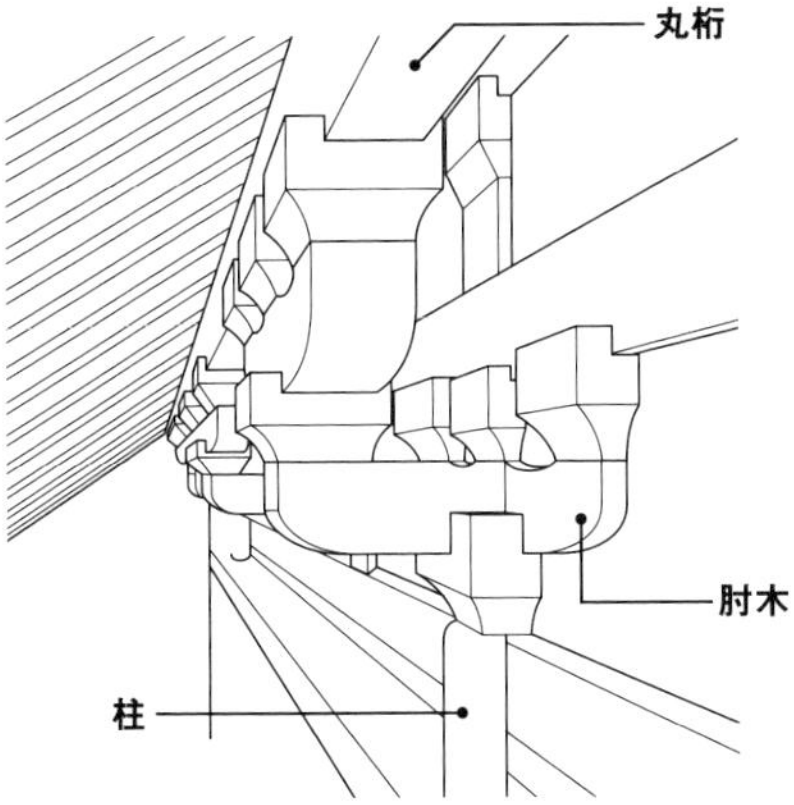

出組

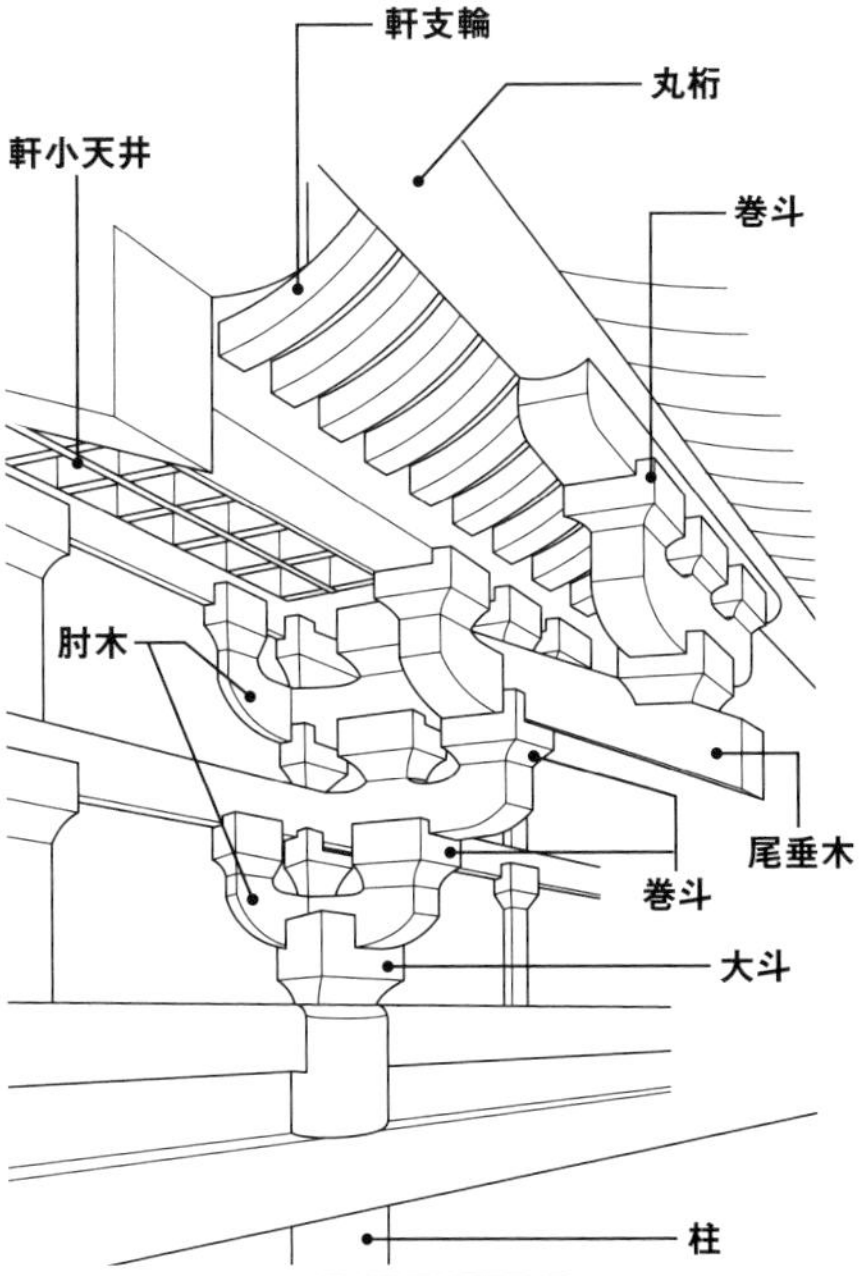

三手先

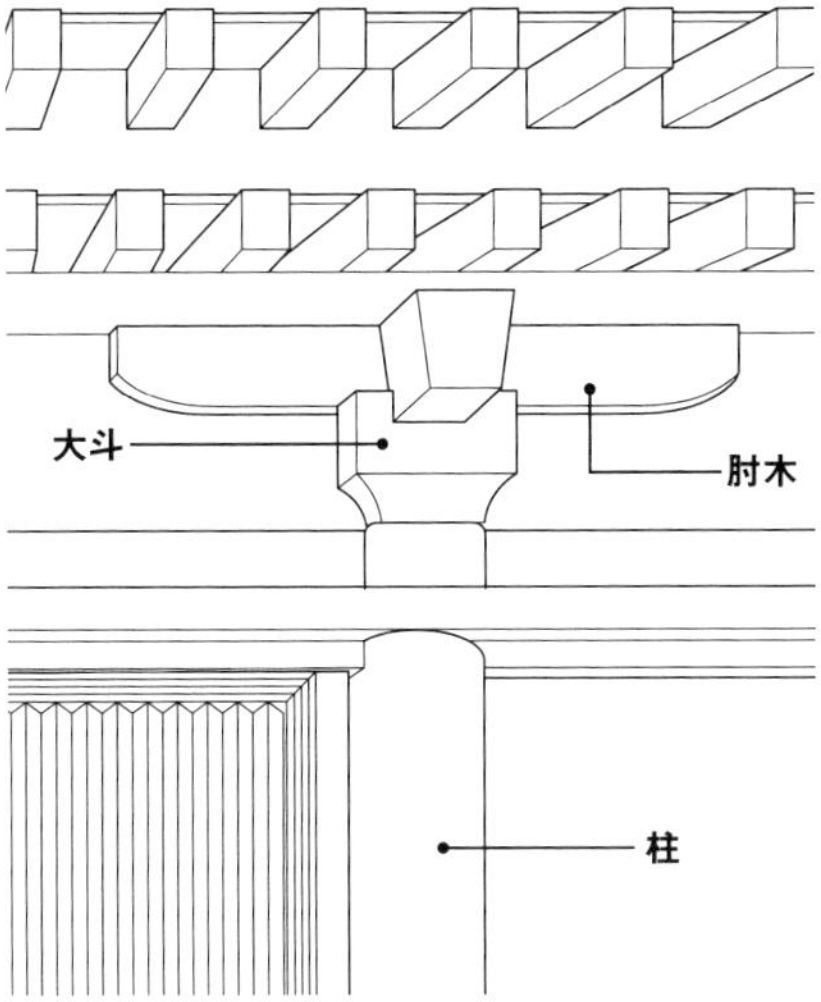

大斗肘木

できるが、実際には図や写真、ないし本物の組物をみたほうがわかりやすい。この組物が一見すると複雑でもあり、力学的な知識がないと理解できないのではないかと敬遠する人も多いかもしれない。しかしそのようなことはまったくなく、素直に枡と肘木という部材を積み上げていくだけのことである。

実際大部分の建築では組物は構造部材ではなくなってしまっており、軒下のちょっと大げさな装飾にすぎないのである。

日本建築の基本的分類と全体像

組物が日本建築において重要なのは、もちろん構造的な意味があり、中世以降には装飾として建築の格ないし性質を表現することがあるだろう。さらに

ここで強調したいのは、この組物を基準に日本建築全体を分類・説明するとわかりやすいということである。

　すでに基本的な用語として、寺院、神社、住宅などという言葉を使ってしまっているのだが、ここであらためて日本建築を分類しておきたい。

　日本の伝統的な建築は、大きく宗教建築（寺院・神社）と住宅建築に分けるとわかりやすい。神さま・仏さまのための建築と、人間のための建築である。建築をその使い手ないし使われ方、機能で分けていることになる。

　城郭建築や茶室《ちゃしつ》や御殿《ごてん》などは人間のための建築であるから、住宅に入れる。宮殿《きゅうでん》もこの本では住宅に入れて考えることにする。江戸時代以前をあつかうこの本では問題ではないが、キリスト教関係の建築は宗教建築に入ることになる。このように考えると日本列島内のすべての伝統的な建築は宗教建築と住宅建築に分けることができることになる。

　これは現在のわれわれにとってわかりやすい分類である。建物そのものの形はともかく、その建物の用途ないし機能による分類である。使っている立場からみれば一目瞭然といってよいだろう。

　ただ一方、機能の明らかではない建物はどうするかということがある。そのようなことも考えて建物そのものの属性で分類しようという考え方もある。建物の規模で分けるという考え方もあるかもしれない。構造で分類する方法もあるだろう。ただここで対象とする伝統的な木造建築にかぎっていうと、

五重塔の和洋三手先。塔には必ず三手先が用いられる。

出組。一手先とは言わない。

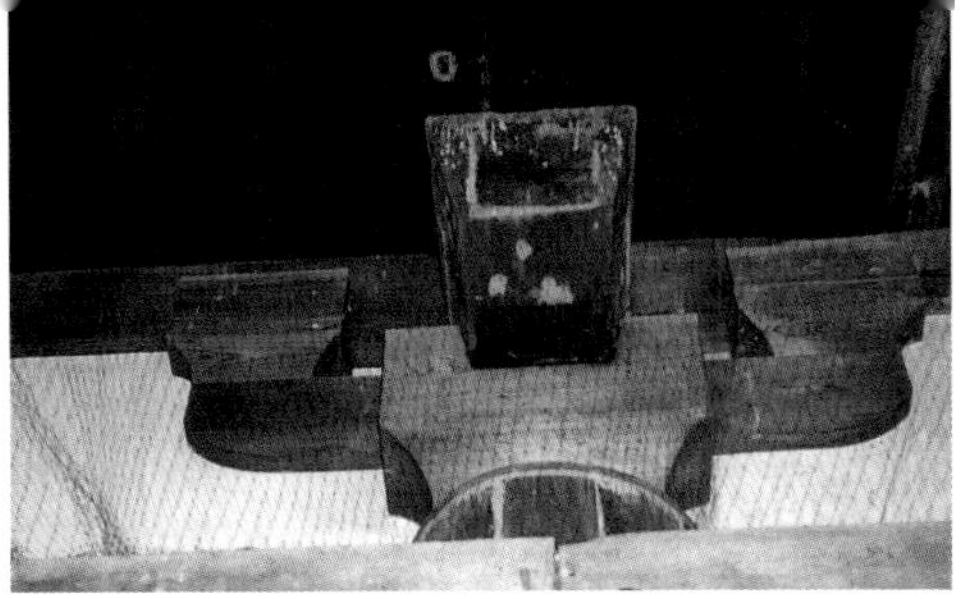

平三斗。

和様三手先。両脇に見える中備(なかぞなえ)は間斗束(けんとづか)。

折衷様三手先。

蟇股(かえるまた)。和様で組物のあいだの中備に用いられる。

平三斗。

一番わかりやすいのが組物の有無による分類である。実際に建物をみて柱の上、軒下に組物があるかどうかは一見してわかる。

じつはこの組物の有無による分類と機能による分類がほぼ一致するのが日本建築の大きな特徴である。すなわち、寺院・神社などの宗教建築には組物があって、住宅建築には組物がないのである。なぜなのか? この問題の背後には日本建築成立に関する事情がある。

これは日本における仏教建築・神社建築の成立過程から説明しなければならない。

形式と様式

column

日本建築をその形で分類し、説明する場合、〈形式〉と〈様式〉という言葉を使うことがある。この本でもあたりまえのようにすでに使ってしまっている。厳密な定義をして使うわけではないが、一応説明しておく。

建築の形の上での特徴を形式と呼ぶ。共通の特徴をもった建築をまとめて呼ぶ場合に形式としての名称を用いる。この本では神社建築の「神明造《しんめいづくり》」「大社《たいしゃ》造」とか「春《かす》日《が》造」「流《ながれ》造」を神社建築の〈形式〉と呼んでいる。外見に現れた特徴が第一であるが、場合によったら構造手法などみただけではわからないものも含めて考えることがあるが、あくまで形で説明できるものが形式である。

それに対して〈様式〉は、その形式が成立してきた歴史的な背景を含めて考える言葉とする。時代と地域を意識して使うことになる。「飛鳥《あすか》様式」、「白鳳《はくほう》様式」、「天平《てんぴょう》様式」、「鎌倉新様式」などのような使い方をする。もちろん、建築だけの概念ではなく、ひろく美術一般に用いられる。ここまでは問題ないが、さらに、この本では、寺院建築の「和様」「唐様（禅宗様）」「天竺様（大仏様）」なども様式として使う。

ただたんに形式だけではなく、その成立過程や、用いられた地域も考えないとその意味が十分理解できないからである。様式に形式が含まれると考えてもいいだろう。専門用語としてすでに用いられている内容にしたがうので、その意味内容にも歴史的な背景があるので注意する必要がある。たとえば中国の唐からもたらされた建築様式は、白鳳様式とか場合によったら天平様式と呼ばれている。少なくとも日本でいう「唐様」という様式ではない。唐様式は唐様ではないのである。

様式という言葉は、ヨーロッパから導入された美術史で用いられた言葉で、スタイルの訳語である。ギリシャ、ローマ、ビザンチン、ゴシック、ルネサンス、バロックなどヨーロッパ各地域の歴史と深く結びついて使われる言葉で、すべての造形芸術、絵画、彫刻、それらを統合する建築で用いられる概念である。なおこの様式概念は造形芸術にとどまらずあらゆる芸術分野で用いられるし、時代や地域を越えてもちいられる。

第2章 寺院・神社建築——組物のある建築

1 寺院建築・神社建築の成立過程

尾道浄土寺の伽藍。左から本堂。阿弥陀堂、多宝塔が並ぶ。

神社・寺院建築と住宅建築は誰でも区別できる

日本人なら誰でも建築をみれば、寺院なのか、神社なのか、または住宅なのか、何となくわかるのではないだろうか。もちろん建築そのものではなく、周囲の雰囲気や名札・看板などの表示で判断しているかもしれない。

しかしながら、神社なら鳥居《とりい》や高い床の建物がある、寺院なら五重塔や大屋根の左右対称の建物がある、といったかたちで、神社・寺院を構成する建物そのものの形で判断していることも多いのである。誰でも神社建築や寺院建築の形式を少しは知っていることになる。そこから住宅建築との違いも自ずとわかっているのかもしれない。

しかしこのような曖昧な基準ではなく、具体的に、寺院・神社などの宗教建築と一般的な住宅建築を簡単に区別する方法がある。建物の軒下を見上げて組物《くみもの》があるかないかをみればいいのである。

寺院・神社には組物があって、住宅には組物がないはずである。もちろん例外的な建物がないわけではないが、日本列島内にかぎっていえばこの原則はほぼあてはまる。ではなぜ神社建築と寺院建築には組物があって、住宅建築にはないのか。この問題を考えるには、日本における神社建築、寺院建築の成立過程にまでさかのぼる必要がある。

仏教伝来と仏教寺院の建設

『日本書紀』によれば、六世紀半ばの

土佐神社。土佐国一宮で、広大な境内に1571年（元亀2）、長曽我部氏により再建された社殿が並ぶ。

大報恩寺。京都市内の寺院伽藍。

五三八年（五五二年説もある）に、朝鮮半島百済聖明王《くだらせいめいおう》から仏舎利《ぶっしゃり》、経典《きょうてん》およびそれらを担う人間とともに仏教がもたらされたとされる。この仏教を受け入れるかどうか、当時の大和《やまと》政権内で激しい抗争があり、蘇我《そが》氏を中心とする仏教導入推進派が勝利をおさめた結果、仏教が受け入れられるようになった。

最初に建てられた仏教寺院は五八八年起工の蘇我氏による法興寺《ほうこうじ》（飛鳥《あすか》寺《でら》）で、七世紀初頭に完成した。以後、四天王寺、法隆寺（斑鳩寺《いかるがでら》）、川原寺、山田寺《やまだでら》など次々と寺院が飛鳥地方に建てられた。

これらの仏教建築は、石組《いしぐみ》で高く築いた基檀《きだん》上に礎石《そせき》を据えて柱を立て、柱上には枡《ます》と肘木《ひじき》を組み合わせた組物を用いて軒を深く出し、反《そ》りのついた屋根を瓦で葺き、しかも木部にはきらびやかな赤や青の彩色を施すというものであった。

その規模や耐久性でそれまでの建築に優っていたことはもちろん、最初の本格的な仏教伽藍である飛鳥寺が、蘇我氏の政治的勝利の記念碑としてその偉容を誇ったように、権威権力の象徴としての表現形式においてもそれまでの建築を圧倒することになる。

神社建築の始まり

では仏教建築導入以前にはどのような建築が建てられていたのだろうか。地面を一段掘り下げて床面とし、地上に比較的簡素な屋根を架ける、〈竪穴《たてあな》住居〉という建築形式が日本列島内に広く存在していたことは、各地の発掘でよく知られている。

ただその一方で、〈高床《たかゆか》建物〉と呼ばれる、高く床をもちあげた建物も存在していたことが、発掘だけではなく銅鐸《どうたく》や銅鏡《どうきょう》に刻まれた絵によってもわかっている。

実際の高床建物は残っていないので、その建物を復元する手がかりとして積極的に用いられているのが実は神社建築である。たとえば伊勢神宮の建築にみられるように、掘立柱《ほったてばしら》高床で、柱の

宇治上神社本殿。社殿は緑に囲まれた山麓斜面にあり、左側の拝殿から見上げる一段高い位置に本殿がある。

上部を横に連結する桁や梁も白木の直線的な部材を組み合わせてつくり、草《くさ》葺《ぶき》の屋根を架けた木造建築が高床建物であったと考えられているのである。

一般庶民の竪穴住居が、基本的には自然材を蔓《つる》などで結び合わせた程度の素朴なものであったのに比べれば、高床建物は発掘で確認できる建築部材などからみて、製材した部材を枘《ほぞ》で組み合わせるなど、木工技術としてはかなり進んだものであった。外観も整っていたであろう。このような高床建物が、一般庶民の竪穴住居に対してそれなりの偉容を誇っていたとしたら、この高床建物が神の象徴性を誇示する必要のある神社建築の原型と考えていいのではないだろうか?

神社建築の寺院建築への対抗

神社建築としてのもっとも古い形式を伝えているとされる伊勢神宮が、い

瑠璃光寺五重塔。大内氏により1442年（嘉吉2）建立の檜皮葺五重塔。大内氏の繁栄がうかがわれる。

つ頃成立したのか正確にはわからない。ただ現在まで伝わっている形式が定まった式年造替《しきねんぞうたい》が始まった持統《じとう》朝の七世紀末が重要な時代であったことは間違いない。

この時代は最初の仏教寺院である法興寺（飛鳥寺）や、斑鳩の法隆寺が建てられてから久しく、すでに次々に華麗な仏教寺院が建てられていた。

また本格的な中国式の都城《とじょう》である藤原京が建設されるのも、官寺《かんじ》として薬《やく》師寺《しじ》が建てられるのもちょうどこの時代である。

つまりこの天武《てんむ》・持統朝に中国から律令《りつりょう》など本格的な制度がもたらされ、それを背景にした国家体制が整備されるとともに、都城が建設され寺院も建てられていったのである。

この時期の都城、寺院の華やかな建設を横目にみながら、簡素な神社建築の形式が整備されていったのは、ちょっと不思議な気はするが、考えてみれば当然かもしれない。すなわち、仏教建築導入以前において政治支配ないし宗教的な施設として用いられていた高床の建物が、新参の大陸の華麗な建築に取って代わられてしまった。

そこで神社建築としてはその存在を誇示する方法として、素朴な建築形式を維持し、より洗練させることでその違いを示し、生き残りをはかったのであろう。式年造替という制度自体が古い建築形式を継承するためのシステムであったと考えると、この事情は理解できる。

一方、伊勢神宮社殿の配置形式が整然としており、建築としての細部が洗練されていることは、本来伝統的な高床建物になかったものを仏教建築から学ぶことによってつくりあげたと考えることはできないか？

伊勢神宮が組物を用いないのは、仏教建築伝来以前の古い形式を強調するためには当然であろう。しかしながら、神社本来の形式を維持しつづけたのは式年遷宮を続けることができたなどの条件に恵まれた伊勢だけだった。出雲大社以下の住吉《すみよし》大社や他の社殿には組物が用いられ、彩色や装飾も施されるようになっていった。しかし、高床であることと、瓦葺や土壁にしないことは保持されている。正式の仏教建築の表現である寄棟造《よせむねづくり》の屋根にはしていない。神社建築全体としても決して仏教建築に飲み込まれてはいないのである。

住宅建築に組物は入らなかった

伊勢など一部を除いて神社建築に組物が導入されることになったのは、神社建築側に宗教としての独自性が弱いということもあるかもしれない。とくに古代のある時期以降、神仏習合《しんぶつしゅうごう》というかたちで神社と寺院は一体化する動きがあり、建築としての独自性も強いものではなくなっていった。同じ境内に仏教建築と神社建築が併存するのはあたりまえの世界になったのである。

一方、住宅建築はどうであったか。仏教建築が導入される以前の日本列島には、庶民住居としての竪穴式建物と、支配層の住宅であった高床式建物があったと思われる。当時の建物をかたどったと思われる家形埴輪などによってわかるように、建築的にはかなり形式が整っていたと思われる高床式の建物も、仏教建築の圧倒的な表現力にはとても対抗できるわけではなかった。従来の形式を維持せざるをえなかったであろう。

組物を中心とする中国大陸伝来の建築形式は住宅にはほとんど導入されなかった。技術、表現性にあまりの隔絶があったということであろう。ここで〈仏教建築＝組物あり〉〈住宅建築＝組物なし〉という図式ができあがり、踏襲されていくことになる。

2 神社建築の形式

忌火屋殿の祓所。（写真提供・神宮司庁）

遷御の列。（写真提供・神宮司庁）

神社建築は、仏教建築や住宅のような時代による変遷はあまりなく、基本的に古い形式を維持しつづけてきたとみられる。むしろその神社の成立期における政治的な背景や、おかれた地域の状況、そして技術的な要因から生じたとみられる形式のバリエーションが

皇大神宮正殿。（写真提供・神宮司庁）

〈何々造〉というかたちで各地に存在する。

形式相互の影響関係などもあまり明確なかたちでは確認できていない。そのなかのごく一部をここでは紹介する。ここでは歴史的な背景との関係はともかくとして、単純な形式から複雑な形式へと説明したほうが理解しやすいであろう。

神明造《しんめいづくり》
——伊勢《いせ》神宮《じんぐう》

皇室の祖先神として知られる伊勢神宮で用いられている形式をいう。三重県の伊勢市を中心に関連の社殿が分布している。

伊勢神宮は、内宮《ないくう》（皇大神宮《こうたいじんぐう》）と外宮《げくう》（豊受大神宮《とようけだいじんぐう》）という二つの神社の総称である。いずれも実際の建築年代は古くはないのだが、建築形式は古いものをを伝えているとされる。

これは、東西に隣あった同形同大の敷地を設けて（第一章二三頁配置図参照）、

■神明造（伊勢神宮外宮正殿）

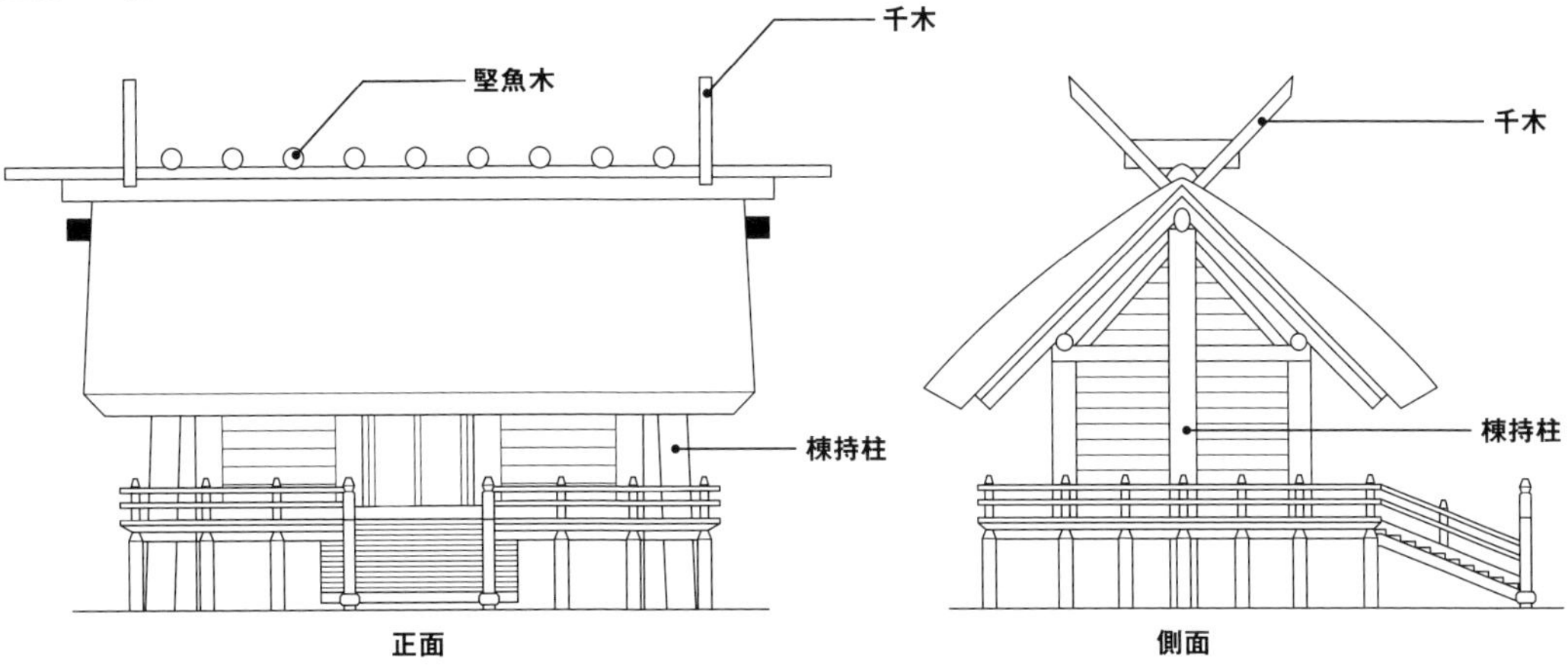

交互に二〇年ごとに、中心となる正殿《せいでん》をはじめとするすべての建物を、まったく同じ形式で建て替える式年造替（または式年遷宮ともいう。四一頁コラム参照）を、七世紀末以来続けているためである。前回の建築が隣に残されているあいだに、新しい建築を建てることができるので、次々と建築形式を正確に伝えることができると考えられている。

内宮、外宮とも、中心の正殿は高床で、桁行三間梁行二間、切妻造平入で、屋根は茅葺き、垂木には反りがなく真っ直ぐである。円柱の掘立柱で柱上に組物はなく、桁と梁を直接受けている。壁は板壁、平側中央に板扉を開き、四周に高欄つきの縁を巡らし、正面入り口には階段がついている。

特徴的なのは棟持柱《むなもちばしら》という棟木《むなぎ》を直接支える柱が両妻にあることで、本来は屋根を直接支える必要のある不安定な構造であったとみられる。

現在は、柱と梁・桁で構成される軸組構造であるので、棟持柱は必要ないが、棟上の堅魚木《かつおぎ》や千木《ちぎ》と同様に本来は機能上必要であったものが、その機能の必要がなくなっても装飾ないしサインとして化石化して生き残っていることになる。なお、正殿中心の地下に心御柱《しんのみはしら》という特別な意味をもつ柱が埋まっているという。

伊勢に行ってやや混乱するのは、内宮（皇大神宮）と外宮（豊受大神宮）が別の神社のようにあることである。もともと伊勢地方の地方神として、豊受神がいたところに、あとから入ってきた皇太神が、中心に居座ったといえば理解しやすいかもしれない。

両者は支配被支配の関係ながら、時代を経て微妙な力関係にあるようで、建物でみると大きさが微妙に異なっており、柱上の桁と梁の上下関係が違ったり、千木上の切り方が違ったり、堅魚木の数が偶数か奇数で違ったりなど微妙に違いを表現していることは気がつくと面白い。

大社造《たいしやづくり》——出雲《いずも》大社

大社造は出雲大社に代表される、出

出雲大社。高床で高欄つきの縁をめぐらしている。

雲地方にもっぱら見られる形式である。正殿は桁行二間梁行二間のほぼ正方形の平面で、切妻造妻入、妻側中央に柱が立つので、入り口は右に寄っている。礎石立てで檜《ひ》皮葺《わだぶ》きの屋根に反りがある。

大きな特徴は規模が大きいこと。江戸時代一七四四年（延享元）に建てられた現在の社殿《しやでん》でも、棟までの高さが八丈（約二四メートル）ほどあるが、記録や伝承によれば以前はもっと高大であったといい、そのような復元図もつくられてきた。

ところが、二〇〇〇年（平成一二）に行われた発掘で鉄輪《かなわ》で三本まとめた太い杉材の柱根《ちゆうこん》が発見されて巨大な神殿であったことが確認された。その姿はいくつかの復元案があるが、われわれの想像を超えた巨大な建物がそびえ立っていたことは間違いない。

この巨大神殿が確実になったことで改めて確認できたことがある。掘立柱であったこと、宇《う》豆柱《すばしら》と呼ぶ中心の柱が特別な意味をもっていること。妻側中央の柱が棟を直接支える棟持柱であることである。

■大社造（出雲大社本殿）

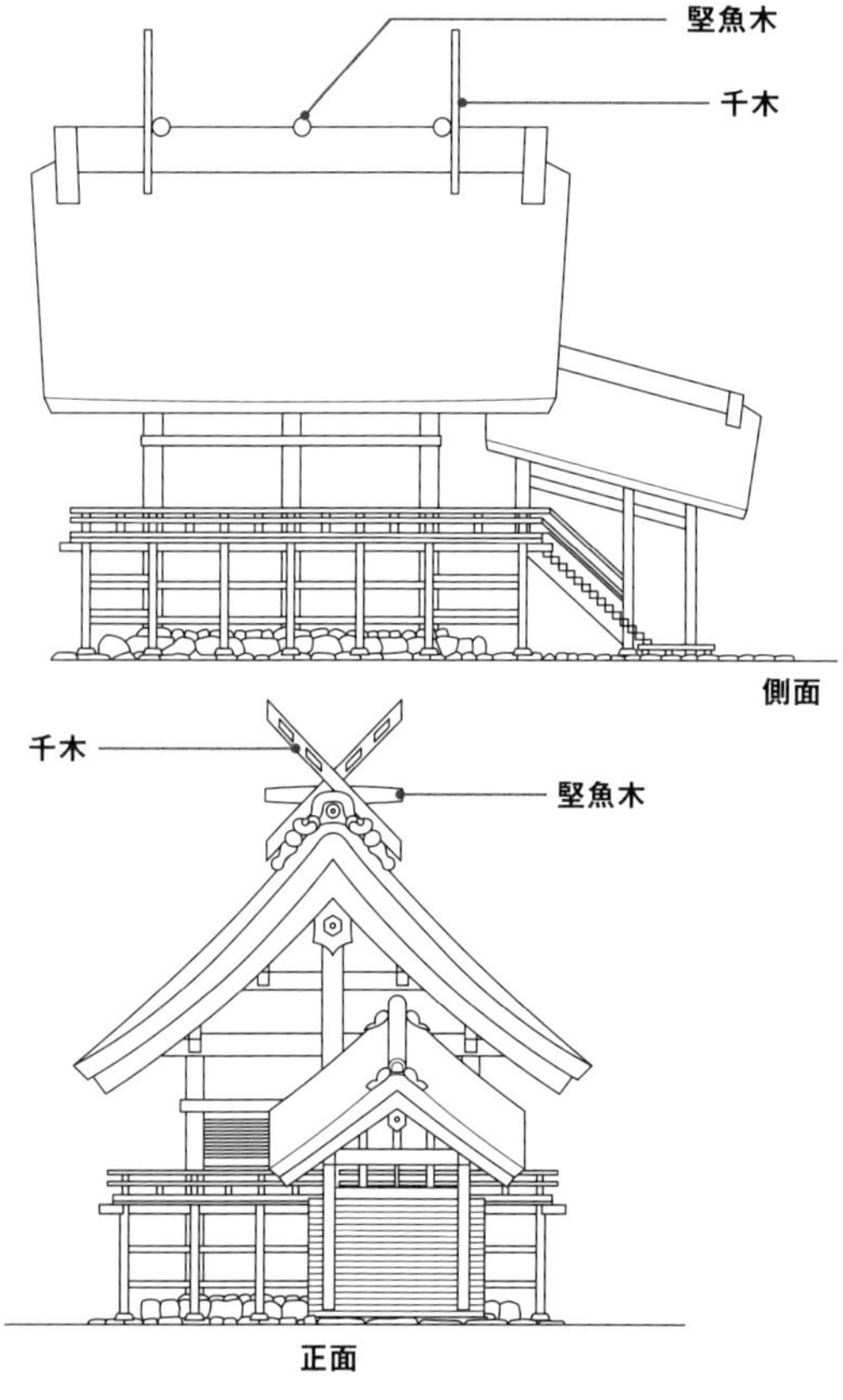

式年造替、または式年遷宮

column

伊勢神宮では現在でも20年ごとにご神体を隣の敷地に移す式年遷宮が行われている。このことは同時にすべての建物を建て替える式年造替でもある。その始まりは内宮は690年（持統4）、外宮は２年遅れの692年（持統６）とされる。その後、中世の戦乱期に中断したあと1585年（天正13）に再開。以後1993年で61回を数えている。

中世の中断後も古式の復元考証が行われており、当初の建築形式をよく伝えていると考えられる。持統天皇のときに始まった式年遷宮の制度は住吉、香取、鹿島などの神社でも行われたが、伊勢以外はいずれも江戸時代までに消滅している。伊勢神宮は皇室の祖先神をお祀りしているということで、四重の厳重な垣に囲われていて、一般のわれわれは間近にみられる建物ではないが、20年に一度の式年遷宮の際（次は2013年）には関連行事があり垣間見る機会が少しだけあるようである。

出雲大社の屋根。棟上に千木と堅魚木をおいている。

発掘で確認された出雲大社古代本殿の宇豆柱。三本の杉材を鉄輪でまとめている。

出雲大社。遠景で見ないとその全容はわからない。

神魂神社本殿。出雲大社より規模は小さいが床が高いので軽快な印象になる。

これは意外にも伊勢神宮正殿と共通する特徴であり、伊勢と出雲は共通の要素をもっている建築であったことになる。その成立事情、時期や建てようとした勢力にも共通の要素がある可能性が高い。もしそうだとすると伊勢神宮が式年造替でわかるように形式を永遠に伝えようとしたのであり、出雲はその高大であることをめざしたのであろう。

なお、出雲大社近くにある神魂《かもす》神社本殿は、一五八三年（天正一一）に建てられた大社造で最も古い遺構で、大社造の本来の形をうかがうことができる。

春日造《かすがづくり》と流造《ながれづくり》

伊勢、出雲、そして住吉も加えて古い形式を伝える社殿がいずれも切妻屋根であるのに対して、以後の形式は切妻を基本とするものの多彩な屋根形式

住吉造《すみよしづくり》

column

伊勢、出雲と並んで古式を伝えるとされる住吉大社は大阪湾に面した位置にある。住吉の三神（表筒男命《うわつつのおのみこと》、中筒《なかつつの》男命《おのみこと》、底筒男命《そこつつのおのみこと》）と神功皇《じんぐうこう》后《ごう》が祀られる４棟の本殿が海に向かって建ち、他に類のない独特の配置形式である。

平安時代までに確立した式年遷宮が室町時代まで行われていたが、その後乱れ、現在の本殿は江戸時代1810年（文化7）のものである。

住吉造と呼ばれる同型同大の本殿は桁行四間梁行二間の妻入で、内部は前後の二室に分かれていることが伊勢、出雲との大きな違いである。殿内は板張りであるが回《まわ》り縁《えん》はなく、屋根は檜皮葺で反りがない。この形式は天皇の即位儀式である大嘗祭《だいじようさい》に用いられる大嘗宮の建物とよく似ており、古い時期の宮殿との対比が考えられる。

神魂神社本殿。回り縁がめぐる。

神魂神社本殿。妻中央の柱は直接棟木を支えている。

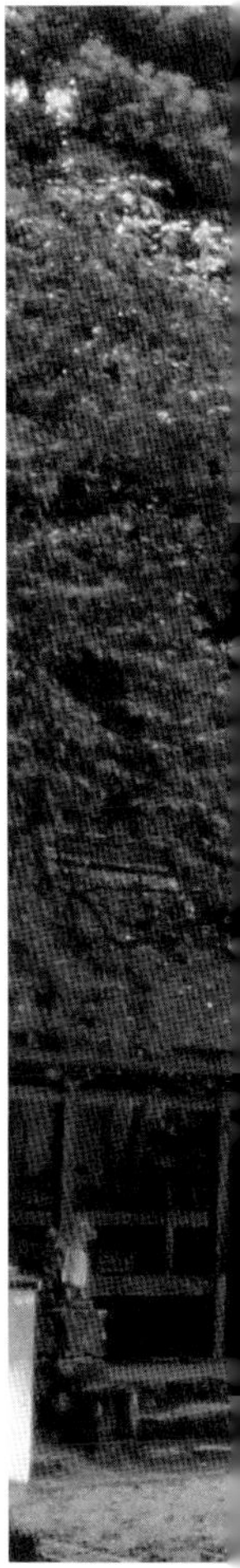

■春日造（春日大社本殿）

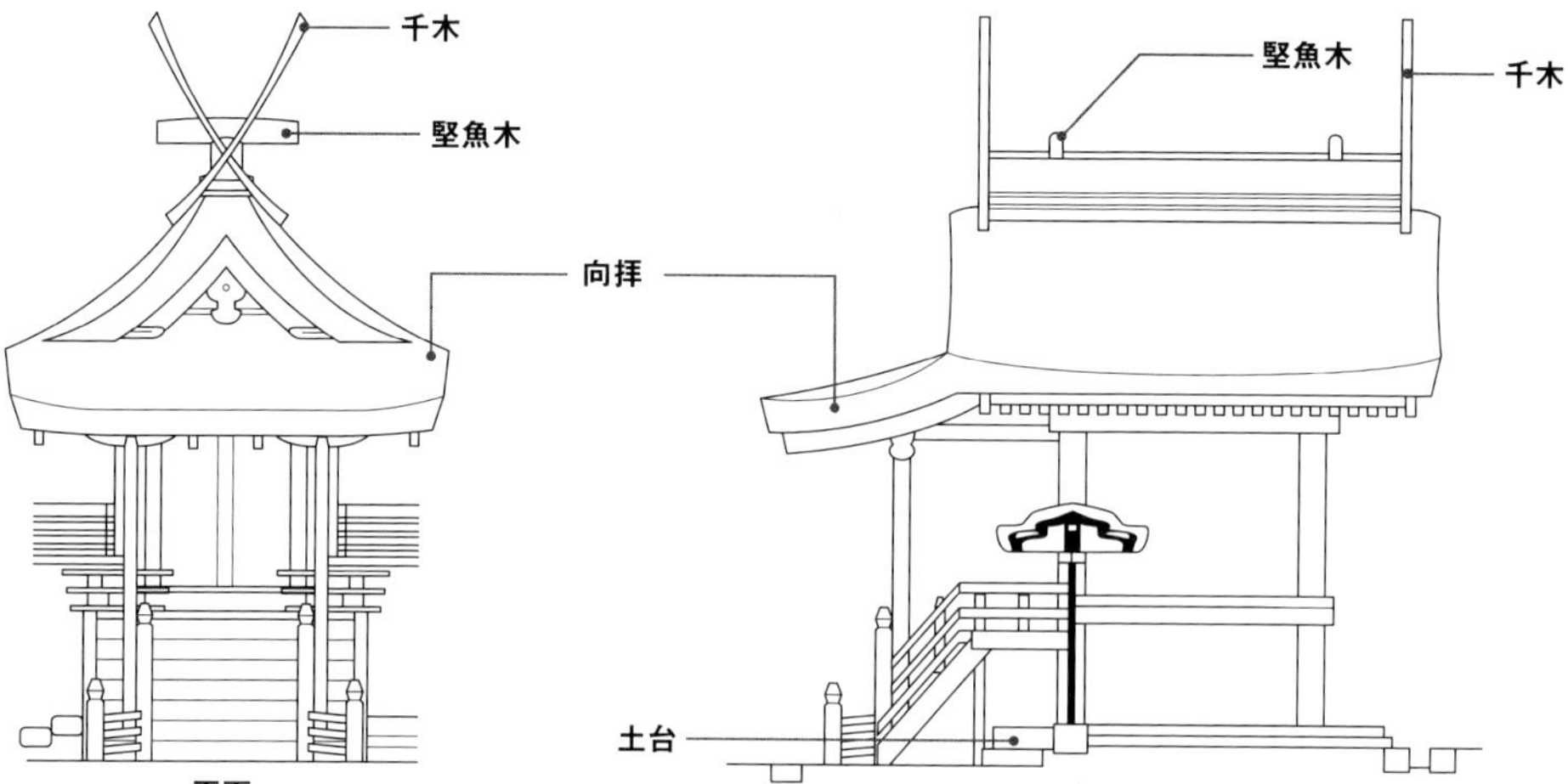

正面　側面

■流造（賀茂別雷神社本殿・権殿）

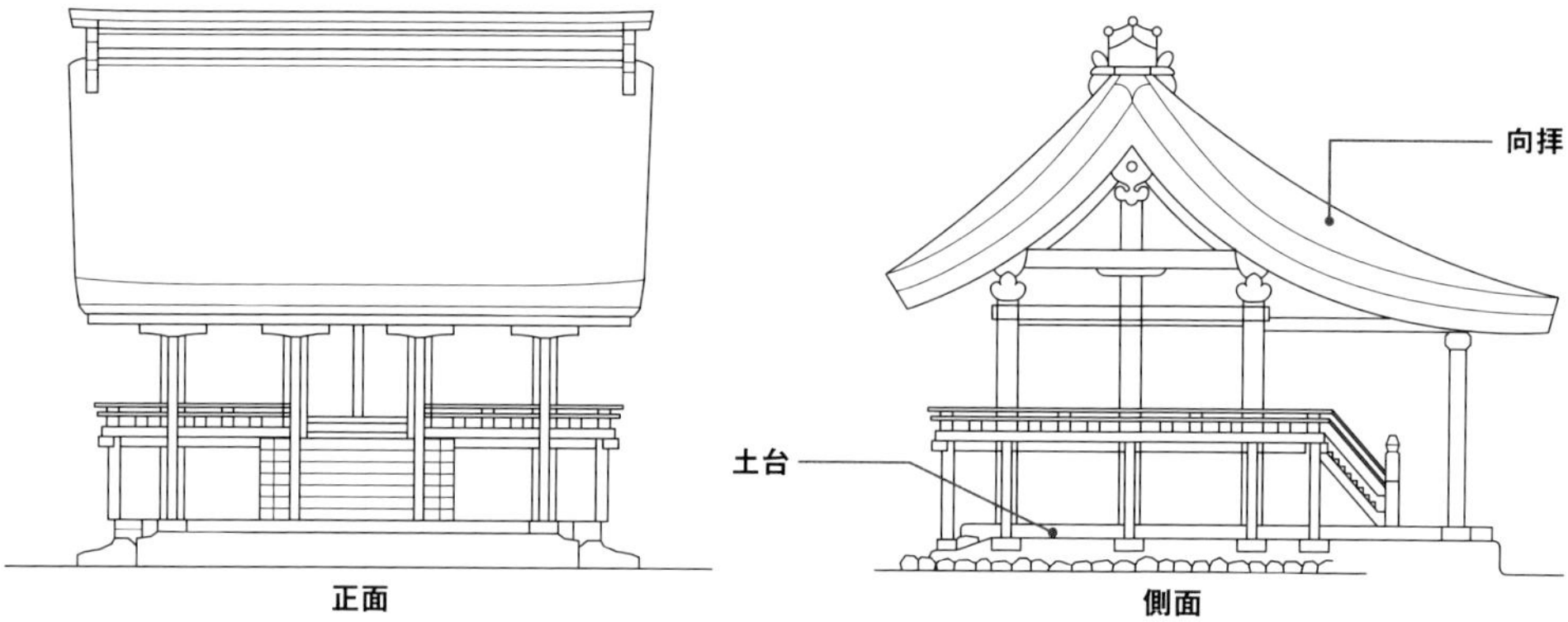

正面　側面

をもっている。「春日造」と「流造」は一見するとまったく異なった屋根ではあるのだが、その成立過程や構造を考えると非常によく似た形式であることもわかる。

すなわち春日造は、切妻造妻入の建物前面に向拝《こうはい》という屋根を設けた形式である。一方、流造は切妻造平入前面に向拝をつけたと解釈できる。春日造の前面は一見すると入母屋屋根に似ているが入母屋のように母屋《もや》と向拝が一体構造になっているわけではない。流造の場合、実際には向拝独自の屋根をつけるのではなく、前面の屋根を延ばして向拝としている。

もう一つ、この春日造と流造に共通で、しかも他の社殿形式と明確に異なる特徴として土台建てであるということがある。

高床建物に起源をもつ社殿形式は、本来掘立であったと考えられる。伊勢は掘立であり、出雲も本来は掘立であった。掘立という構造では移動できない。ところが土台建ては移動できる構造形式なのである。

神社の祭礼の際の御神輿《おみこし》を想定していただければわかりやすい。御神輿は

春日大社本殿。土台の上に建てられている。

春日大社本殿全景。

春日大社本殿。正面から全景を見ることはむずかしい。

土台をもちあげて担いでいるのである。何のためかというと、練り歩くためである。神様が祭りの際にどこからかやってきて、その縄張りを確認するために移動しているということなのであろう。

春日造も流造も、神明造や大社造に比べて社殿としては規模が小さい。とくに春日の場合、正面と側面ともに一間の「一間社《いっけんしゃ》」という小規模社殿が多い。実際に遷宮《せんぐう》の際などに移動している例もある。

流造本殿。土台の上に建てられている。

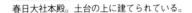

これは伊勢や出雲が、社殿に常時神様が住んでいて、いつでもそこに行けば会えるのに対して、春日造や流造の神様は、神社に常住しているのではなく、祭礼の際にのみやってくるということなのかもしれない。神様がまだ住んでいないということは、人間との関係が不安定なので、信仰形態としては安定した伊勢や出雲の一段階前のことを伝えているのであろう。

春日大社本殿に代表される春日造は春日大社周辺の近畿地方にその分布がかぎられるのに対して、特定の信仰と結びついていない流造は全国に分布し、数も多い。その間口は一間以上、何間でもありうるが、正面間口三間の「三《さん》間社《げんしゃ》」流造がもっとも数が多く、よくある形式といってよい。

その他の社殿《しゃでん》形式

春日造や流造の屋根形式は、本殿に

最古の神社建築 宇治上《うじがみ》神社

column

神社建築は式年造替を繰り返す伊勢神宮に典型的に示されるように、建物そのものを長く残さない。神明造最古の遺構は長野県大町の仁科神明宮で江戸時代であり、大社造で最古とみられる神魂神社も江戸時代はじめである。そのようななかで、神社建築最古の遺構は、宇治上《うじがみ》神社本殿とされている。

この社殿は三棟の流造社殿が並んでいて、しかも両脇のやや大きな社殿の屋根が中央の社殿の覆屋にもなっているという珍しい形式である。蟇股《かえるまた》という装飾部材の様式などから平安時代の終わり頃と推定されてきたが、最近木材の年輪幅の推移から木材の伐採年代を確定する年輪年代法という科学的な方法で、年代が1060年頃ということでほぼ確定し、神社建築最古の遺構ということもあらためて確認された。

宇治上神社の蟇股。

宇治上神社本殿。外から見ると覆屋のみに見える。

杵原八幡宮本殿。本殿と拝殿の屋根が平行に並ぶ。

日吉大社西本宮本殿。正面(上)からはわからないが、背面(下)に母屋と庇の空間構成が表れる。

対して向拝という人間が礼拝するための施設をとりつけたと解釈できる。この施設がもう一歩進むと拝殿《はいでん》という独立した建物になる。神様がいらっしゃる本殿に対して、人間が使う拝殿である。自然の山などを御神体《ごしんたい》とする素朴な信仰形態を伝える古い神社形式の場合、本殿はなく拝殿だけの神社もある(四九頁コラム参照)。

この本殿と拝殿との関係で、いくつかの社殿形式ができる。

「八幡造《はちまんづくり》」は、本殿と同じ桁行長さの拝殿を本殿の前に平行に建て、あいだの部分には屋根を架けてつないだ形式である。九州大分の宇佐八幡宮をはじめとして各地の八幡神社に用いられている。

「日吉造《ひえづくり》」は、滋賀県大津市坂本の日吉大社で用いられる形式で、御神体のある本殿が母屋で、前面と左右の三面の庇が拝殿になる形式である。前面からではわからないが、背面からみると母屋の本殿部分が一段高くなっていることがわかる。屋根は入母屋ではない独特の形態になる。
「石《いし》の間造《まづくり》」は、「権現造《ごんげんづくり》」ともいう。本殿に対してやや規模の大きい拝殿を並べて建て、そのあいだを棟が直交する建物でつなぐ形式である。つなぎの部分を石の間といい、京都北野天満宮が古代からこの形式であったとされる。

　絵画などに描かれた豊臣秀吉を祀った豊国廟《ほうこくびょう》がこの社殿形式であり、徳川家康を祀った東照宮《とうしょうぐう》がこの形式である。家康を権現として祀っていることから、東照宮の形式を権現造という。

　これら以外にも特異な社殿形式が見られる。

「厳島《いつくしま》神社」の創建は奈良時代以前にさかのぼるとされるが定かではない。ただ古くから安芸《あき》宮島《みやじま》の弥山《みせん》を御神体として、これを祀るために海辺に設け

妙義神社(群馬県)。本殿と拝殿を幣殿がつなぐ権現造の形式である。

厳島神社本社本殿。両流造と呼ばれる形式である。

厳島神社。平舞台から高舞台ごしに本社祓殿を見る。

厳島神社本社祓殿の蟇股。

厳島神社摂社客人神社。背後に五重塔が見える。

られた社殿があったと見られる。平安時代末の一一六八年（仁安三）頃、平《たいらの》清盛《きよもり》ら平氏《へいし》一族の崇敬を受け海上に張り出した社殿が造営された。その後の、火災や水害の被害により現在にいたるまで何十回も再建を繰り返している。

現存の中心部分は鎌倉時代、一二四一年（仁治二）再建の形式が踏襲されているとみられ、本社と摂社客人《せつしやまろうど》神社からなる。本殿はともに両流造という形式で、幣殿《へいでん》、拝殿、祓殿《はらえどの》が連なり、さらに本社前面には、高舞台、平舞台が配される。全体は水上の回廊でつながれ、全体として変化にとんだ配置の

拝殿《はいでん》のみの神社
諏訪《すわ》大社

column

各地の社殿形式のなかには背後の山や自然の森などを御神体としているために本殿はなく、拝殿しかないものも多い。長野県諏訪《すわ》の諏訪大社もその一つで、上《かみ》社《しや》・下社《しもしや》ともに、背後の自然の森を神域とし、その前面の拝殿で神事が行われる。なお、諏訪社には諏訪の御柱祭《おんばしらまつり》で知られる柱が境内に立てられているが、このような柱が信仰の中心となる神社もあり、この場合、神が降臨《こうりん》、ないし宿る象徴としての柱は人間の構築物としての社殿のもっとも始原的な形態であろう。

諏訪大社上社拝殿。

吉備津神社本殿。特異な外観と大きさに圧倒される。

吉備津神社本殿。

妙を極めている。

「吉備津《きびつ》神社」は、岡山市吉備津にある、他に類例のない社殿形式である。現在の建物は一四二五年（応永三二）に再建されたものである。三間社流造本殿の周囲に二重に庇を巡らして拝殿をつないだ形式で、亀腹《かめばら》という漆喰で表面を丸く固めた高い基壇の上に築かれており、本殿部分はさらに高く、全体の規模も大きい。

組物に大仏様の手法が用いられる点も他に例をみない形式である。とがった屋根の屋根飾りである千鳥破風《ちどりはふ》を二つ並べた屋根形式も特異な印象的なデザインで、この屋根を飛翼入母屋造と呼ぶことがある。

日光東照宮《にっこうとうしょうぐう》は神社である

column

観光地としてあまりに有名な日光であるが、その中心は二社一寺、すなわち二荒山《ふたらさん》神社、東照宮《とうしょうぐう》、そして輪王寺《りんのうじ》である。

二荒山神社と輪王寺は奈良時代以来の山岳信仰を背景とした神社・寺院であるのに対して、東照宮は近世初頭に徳川家康を「東照大権現」という「神」として祀った神社ということになる。

実際には、家康の廟である東照宮と、隣にある三代将軍家光の廟である輪王寺大猷院は、神社と寺院であるといっても外観上の区別はまったく意識できない。つまり本来は「日光山」として一体のものであり、意識して区別されていなかった寺院と神社を、明治の神仏分離は無理に区別するようになったということである。

もっとも有名な東照宮社殿は、家康の死後、1617年（元和3）に建てられた東照社を、1636年（寛永13）に家光が大規模に建て替えたものである。本殿はもちろん、日暮門《ひぐらし》として知られる陽明門《ようめいもん》などの建物群はいずれも彩色豊かな彫刻による装飾で満たされている。

神社といいながら、個々の建物は寺院建築で用いられる唐様《からよう》（禅宗様）である。唐様とは、柱の上だけではなく柱と柱のあいだにも組物を配する賑やかな建て方であり、中国式の主題の人物彫刻などとともに全体として豪華な雰囲気をつくりだしている。

日光東照宮で実現した寺院神社のこのような豪華な装飾は、最初は領主が主導する限られた寺院神社にしかなかったが、江戸時代をつうじて徐々に一般に広まった。とくに中世以来の建築の伝統があまりなかった東国一帯でも、近世後半には村の鎮守や、ごく普通の寺においても建て替えの際に彫刻などの装飾が用いられるようになった。支配層の建築文化の一般庶民への普及である。

日光東照宮陽明門。別名日暮門。

3 寺院建築の変遷と様式

1 飛鳥・白鳳時代の建築
——寺院建築の始まり

　仏教が伝来した当時の政治の中心が飛鳥《あすか》地方にあったことからこの六世紀から七世紀前半の時代を飛鳥時代と呼び、飛鳥地方に建てられた建築を飛鳥様式と呼ぶ。もちろんこの様式名称は建築だけではなく仏像・絵画など美術全般に用いられ、この後に続く大化の改新（六四五年）以後の白鳳《はくほう》様式、平城遷都以後の天平《てんぴょう》様式とともに六世紀から八世紀の雰囲気を理解するのに便利であり用いられてきた。

　中国大陸の唐《とう》からの影響と考えられている白鳳様式、天平様式に対して、この飛鳥様式は朝鮮半島経由であり、中国大陸で唐が支配を広める以前の北《ほく》朝《ちょう》の北魏《ほくぎ》あたりにその淵源を求められているようである。

　では建築の飛鳥様式はどのようなものであったのか。その基準になるのは法隆寺《ほうりゅうじ》ということになる。なぜなら法隆寺しか建物が残っていないからである。

飛鳥《あすか》様式と法隆寺《ほうりゅうじ》

　聖徳太子が法隆寺（斑鳩寺）を六〇七年（本尊薬師如来光背銘による）に建立したということは教科書などの記述にもあるほどよく知られている。ただし、この創建法隆寺は六七〇年（天智天皇九）の火災で焼失し、その後八世紀初めまでに再建されたものが現在われわれがみることのできる法隆寺である。

　この焼失・再建の事実をめぐって一九〇五年（明治三八）以来大論争が行われた（五七頁コラム参照）。最終的に一九三九年（昭和一四）に法隆寺境内の若草伽藍跡の発掘から、創建法隆寺の伽藍配置は四天王寺と同じ形式であって、現在の伽藍は位置を動かして再建されたものということになった。

　つまり世界最古の木造建築であることは間違いないものの、実際の建設時期はかなり下ることになる。伽藍配置も変わっている。何より再建年代が飛鳥時代の範囲に収まらなくなってしまったのである。

　他の飛鳥時代の建築はどうであるか。最初に建てられた仏教寺院である蘇我氏の飛鳥寺の建物はまったく残っていないが、一九五六年（昭和三一）から始まった本格的発掘の結果、重要な事実があきらかになっている。

法隆寺。南大門より西院伽藍をみる。向かって左に五重塔、右に金堂が左右非対称に並ぶ。(写真提供・便利堂)

法隆寺伽藍。基壇上に金堂(左)と五重塔(右)が建つ。(写真提供・便利堂)

その伽藍配置は、四天王寺とも法隆寺とも異なる独自のもので、中央の塔を東西と北の三棟の金堂が取り囲み、全体を回廊が回るという構成である(伽藍配置図二〇頁参照)。この伽藍配置は朝鮮半島に類例があることから、朝鮮半島の伽藍配置がもちこまれた可能性が考えられている。

また、基壇の構造からみて三棟の金堂のうち、中金堂と東西金堂は同じ構造ではなく、少なくとも法隆寺金堂とは異なる構造のものが建っていたことがわかった。

同じく山田寺の発掘によれば、金堂の構造が法隆寺金堂とも、のちの時代の建築の構造とも異なった特異なものであった可能性が指摘されている。また同じく四天王寺の発掘によれば、講堂の建物が扇垂木という、これまた法隆寺の建物とは異なる構造形式であったことがわかっている。

つまり飛鳥時代の寺院建築の様式は多彩であり、やはり法隆寺が飛鳥様式を代表することはとてもできないことになる。そのような意味で、法隆寺の建築については飛鳥様式という言葉は使わずに法隆寺様式という言葉を使っ

法隆寺金堂上層組物。角では一方向にしか組物が出せないので無理があり、つっかえ柱を入れている。
龍の彫刻は江戸時代元禄期のもの。(写真提供・便利堂)

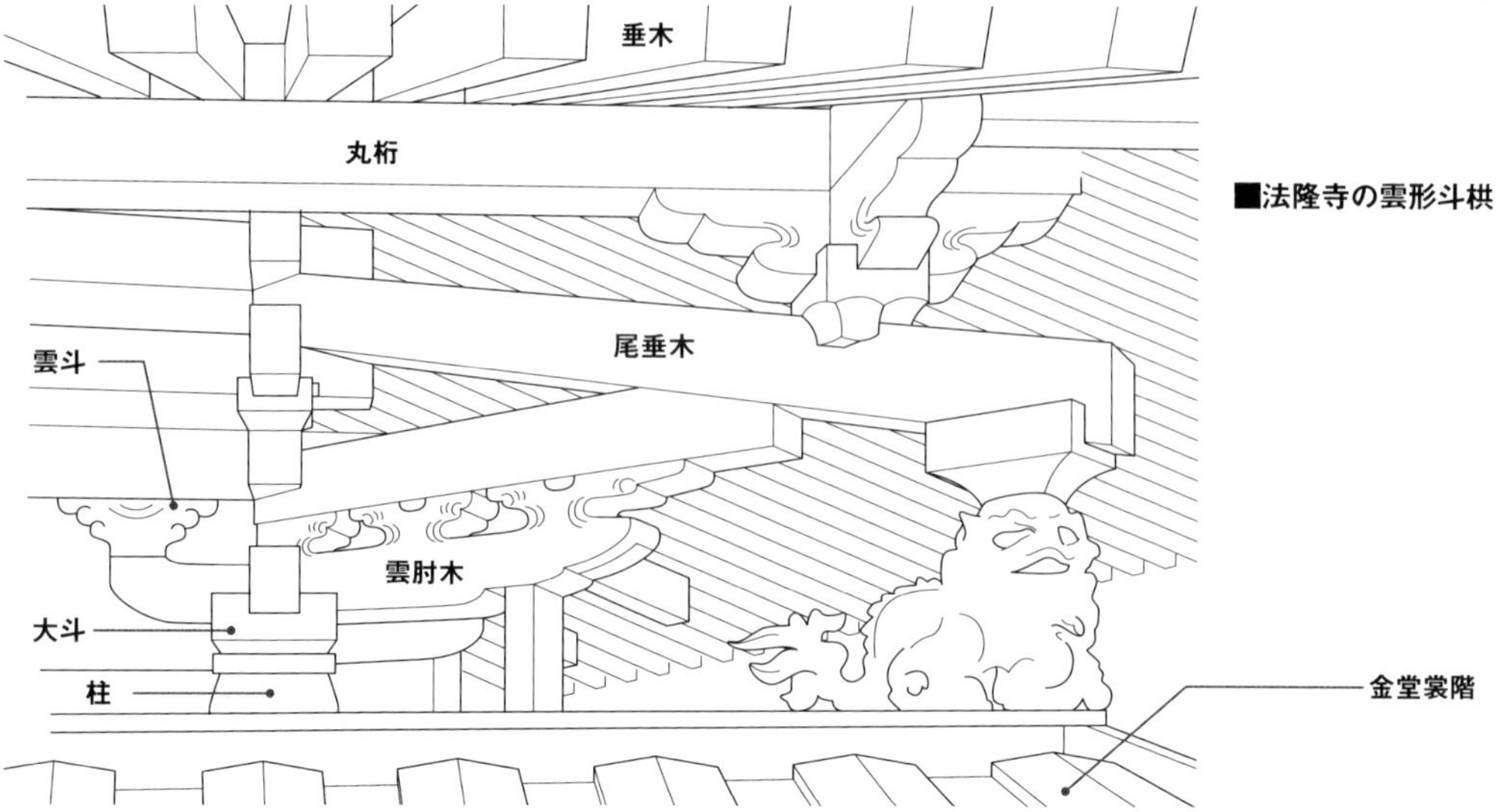

■法隆寺の雲形斗栱

た方がよさそうである。

法隆寺の建築

現在の法隆寺は大きく西院《さいいん》と東院《とういん》で構成されている。世界最古の木造建築、すなわち法隆寺様式である金堂《こんどう》、五重《ごじゅうの》塔《とう》、中門《ちゅうもん》、回廊《かいろう》があるのが西院で、ほかに平安時代に建てられた講堂《こうどう》、奈良時代の経蔵《きょうぞう》、東室、食堂《じきどう》、東大門などで西院を構成している。他の寺院にもっていけばその建築年代から重視されるにちがいない建物も、ここでは法隆寺様式でないということでさほどの扱いをうけていないというべきであろうか?

金堂、五重塔に代表される法隆寺様式が、薬師寺以下の奈良時代建物の様式と異なるのは、柱に著しい膨らみ(エンタシスと俗称されている)があるとか、卍崩《まんじくず》し模様の高欄《こうらん》があり、人字型の束がある、とかいわれているが、建築としてみた場合、やはりもっとも重要なのは軒下の組物である。

法隆寺様式の組物を雲斗《くもと》雲肘木《くもひじき》、または雲形斗栱《くもがたときょう》と呼んでいる。金堂、五重塔、中門それぞれ微妙に違うのであるが、図に示したように雲のような外形をしており、薬師寺以下の肘木と枡を組み合わせた組物からみると、一体化した彫刻のようにも見える。抽象的な形が先にあって、ここから肘木・枡という具体的な形が生まれる前段階といっていいのかもしれない。

構造的なことであるが、建物の四隅部分の柱上で、薬師寺以下の様式では三方向に肘木を出すのに対して、法隆寺では一方向にしか出せない。したがって、屋根の隅の荷重を支えるのに無理が生じており、金堂や五重塔初層では裳階《もこし》(軒下にとりつけられた庇状のもの)の上に支えがつくられ、金堂上層ではつっかえ柱が建てられている。これらは建築後の早い段階で手が打たれたとみられており、法隆寺様式は構造的に無理のある完成されていない様式なのかもしれない。ただ未完成による力強さ、ないし迫力は確かにあるのであり、そこに飛鳥時代の雰囲気を感じ取るべきなのだろう。

藤原京《ふじわらきょう》と薬師寺《やくしじ》

天智天皇没後の皇位継承争いに端を発した壬申《じんしん》の乱（六七二年）において、伊勢・美濃など当時の東国《とうごく》をいち早く抑えて、難波宮《なにわのみや》を拠点にした大友皇子《おおとものおうじ》の西軍を打ち破った大海人皇子《おおあまのおうじ》（のちの天武天皇）は都を飛鳥浄御原宮《あすかのきよみはらのみや》に移して即位、浄御原律令の制定など政治的な大改革を行う。

その一連の政治はその没後も、皇后であった持統《じとう》天皇によって受け継がれ、六九四年に持統天皇によりわが国初めての本格的な都城として藤原京《ふじわらきょう》が建設された。天皇の代わるごとにつくられていた宮殿が、藤原宮としてここで中国式の宮殿として恒久化が図られたことになる。

この時代を代表する寺院が白鳳様式として知られる薬師寺《やくしじ》である。薬師寺は六八〇年、皇后持統の病気平癒をいのって天武天皇が発願《ほつがん》、建てられた寺で、飛鳥寺や法隆寺が私的な寺であったのに対して国による官寺《かんじ》であった。

七一〇年、都が藤原京から平城京に移るに際して、薬師寺も移転した。藤原京時代の薬師寺伽藍跡が発掘によって一部確認されている。本薬師寺と呼ばれるその発掘遺構によれば、伽藍配置や個々の建物の柱位置が平城京の薬師寺に一致しており、建物そのものが移建された可能性もある。ともかく様式的には平城京の薬師寺のような建物が藤原京に建てられていたことになるだろう。

法隆寺再建非再建論争

column

『日本書紀』670年（天智天皇9）の法隆寺焼失の記載から、現存法隆寺が再建であるとする文献史学と、法隆寺の柱間など寸法体系や、様式そのものが645年、大化改新以後のものではありえない、『日本書紀』の記載そのものも信用できないとする建築史、美術史などの様式史学との論争であった。

文献史からすると『日本書紀』という正史の信用に関する重大な疑義であり、建築史にとってみると日本の仏教建築において様式史が成り立つかどうかの正念場であったために論争は白熱化した。論者は次々と入れ替わり、新しい説が次々と提示され論争は30年以上続いた。

最終的には1939年（昭和14）に行われた若草伽藍跡という法隆寺境内の一角の発掘で、創建法隆寺と考えられる四天王寺式の伽藍配置の寺跡が確認されたことにより、併存がありえない現在の法隆寺は再建ということになった。この間の論争で文献史の側は建物の実態に通じるようになり、様式史は必死に文献を勉強したという意味で最終的な決着はともかく収穫は大きかった。

その後の考古学発掘成果や、年輪年代法による建築部材の年代判定から新しい事実が確認されてはいるものの、再建の時期と事情については定説を得るに至っていない。

復元された薬師寺金堂。二重でそれぞれに裳階がつく。(1994年9月撮影)

■飛鳥地方と藤原京の位置

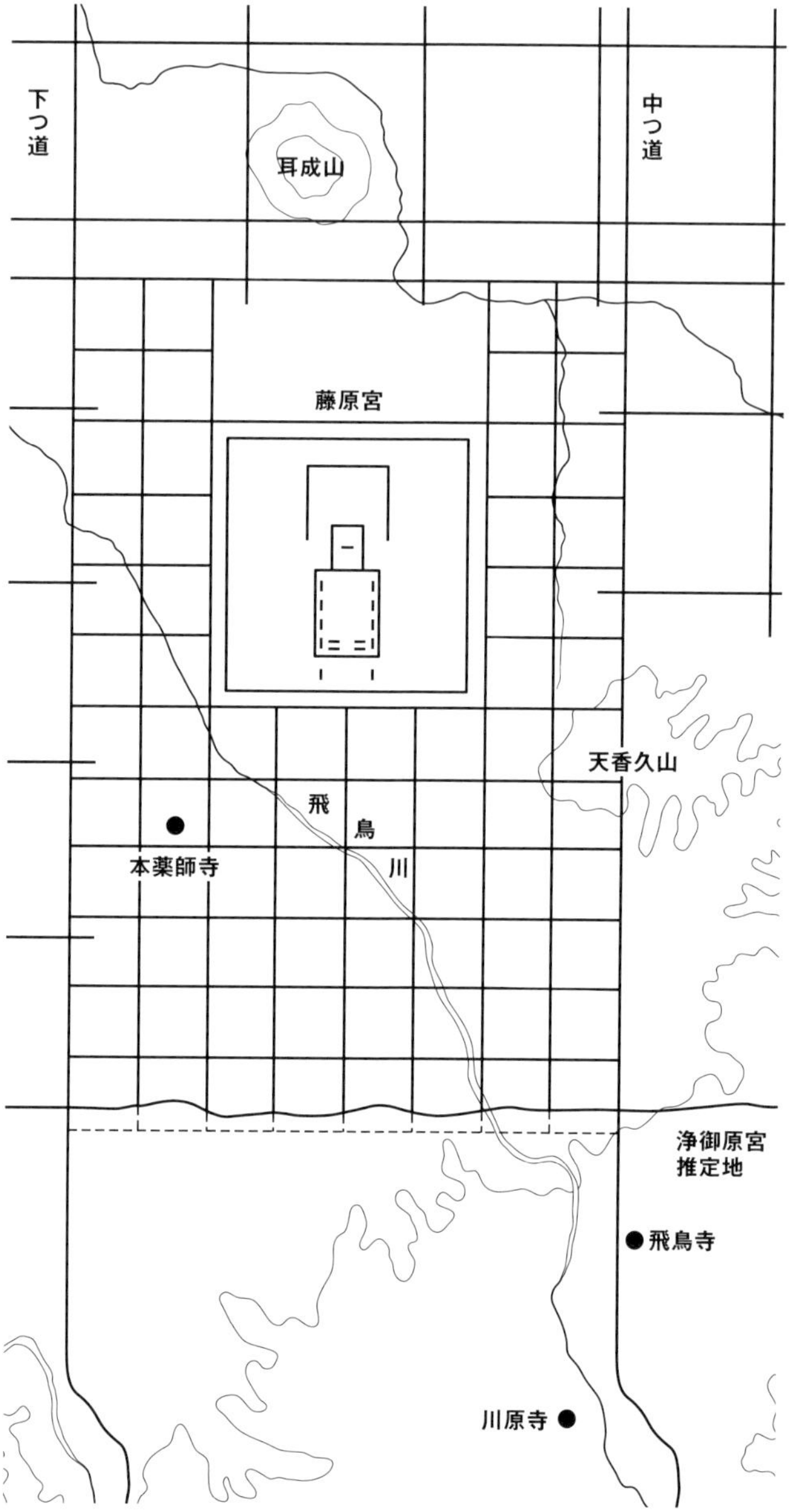

白鳳様式は、現存の平城京薬師寺東塔をみてもあきらかなように、法隆寺とは一線を画した優雅な様式である。あとに続く唐招提寺《とうしょうだいじ》、東大寺《とうだいじ》に代表される完成された天平様式の先駆けとみられる様式で、日本の仏教建築の出発点ともみなされることがある。

ちなみに、平城京関係の朱雀門《すざくもん》や大《だい》極《ごく》殿など宮殿建築の復元は同時代の建築としては唯一の遺構であるこの薬師寺の様式を基準にしている。

2 奈良時代の仏教建築

平城遷都七一〇年から平安遷都七九四年までの、いわゆる奈良時代は天平文化の花咲いた時代であった。建築史においてもこの時代に建てられた建物の人気が高い。白鳳時代に導入された中国唐の文化が、より本格的に導入され、また定着した時代でもある。藤原京で創建され、平城京に移された薬師

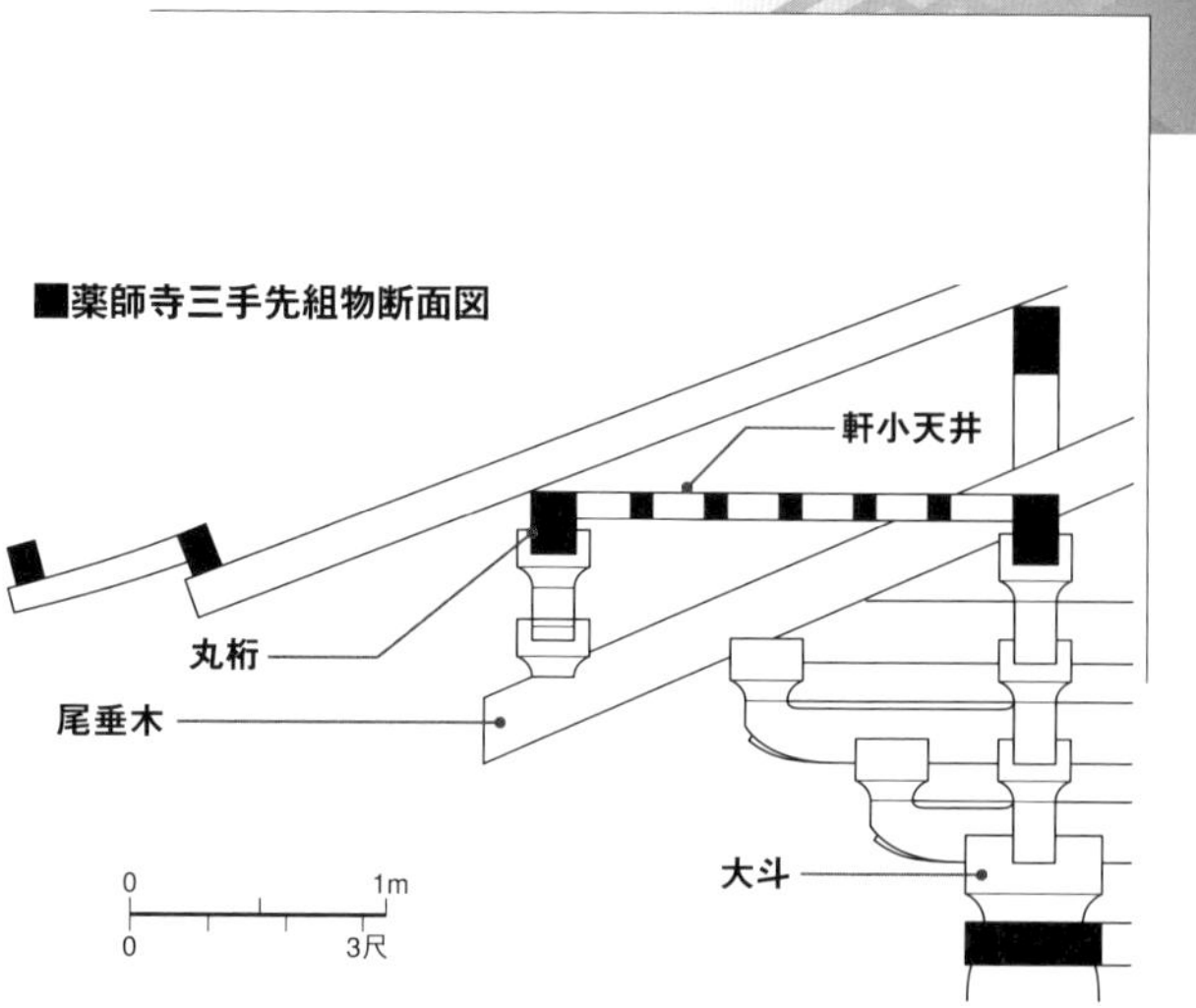

寺が奈良時代初期を代表する建築ということになる。

薬師寺の建築

　最古の木造建築として知られる法隆寺金堂や同五重塔以上に人気の高い建物が薬師寺東塔《とうとう》である。三重塔でありながら裳階《もこし》がついていて全体として六重にみえる構成は、美しい建築の代名詞として語られてきた。また一時期さかんに読まれた『古寺巡礼』（和辻哲郎）、『大和古寺風物誌』（亀井勝一郎）など随筆類でも薬師寺をもちあげる文が書かれ、たとえば東塔上部水煙に施された天人の彫刻は絶賛されている。

　このように薬師寺東塔を美しいとする考え方は、かなりさかのぼるようで、平安時代の貴族の日記である『中右記』に法成寺《ほうじょうじ》の塔を建てるのに薬師寺の塔をうつすという記事がある。

　平安時代の貴族の中心的な建物であった法成寺のモデルになったのが薬師寺東塔ということは非常に興味深い。法隆寺の建築が、その古代建築としての力の表現はあるものの、優美という点では今一つであったものが、薬師寺においては力強さは保ちながらも優美も兼ね備えていたことが平安貴族の関心を引いたにちがいない。日本的な美の原点と位置づけていいかもしれない。

　建築の組物の形態について少しだけ注目しておく。組物と軒下の構成で、薬師寺だけにみられるのが、軒小天井である。三手先の組物で軒が深く出せるようになったときに、丸桁から内側の垂木の根本をいかに隠すかというこ

薬師寺東塔。唯一残る白鳳様式の建物。（写真提供・薬師寺）

薬師寺復元について

column

現在奈良西《にし》の京《きよう》に行くと、薬師寺の金堂、東西の三重塔、さらに中門、回廊などの伽藍構成を見ることができる。

もちろん、白鳳時代からの建物は東塔だけで、あとの建物は近年復元されたものである。このような古代建築をその手法まで忠実に復元することが最初に試みられたのは、法輪寺三重塔においてであったろう。1944年（昭和19）年に落雷で焼失した法隆寺様式の三重塔であり、建築そのものについての記録は整っていたが、初めての試みであった。

この経験を参考にして次に本格的に古代寺院の復元が試みられたのが、薬師寺金堂であった。基壇の発掘によって建物の規模がわかっていたものの、外観については文献によって重層であり、裳階のついていること以外は不明であった。いろいろ専門家の検討の結果、復元が実現した。以後は薬師寺では西塔以下の諸堂、平城京でも朱雀門、大極殿と次々と復元が進められている。このような動きは古代の奈良・近畿地方にかぎらず、たとえば沖縄の首里城のように全国で試みられている。

復元された首里城正殿。

復元された薬師寺西塔（左）、金堂（右）、奥は講堂。（写真提供・薬師寺）

唐招提寺。均整のとれた正面外観である。©MACHIRO TANAKA / SEBUN PHOTO / amanaimages

とで、薬師寺では水平に天井を張っているのである。

法隆寺ではここに天井を張っていない。唐招提寺では平らな天井と、軒支《のきし》輪《りん》という斜めに立ち上がる天井を組み合わせて軒裏を隠している。以下支輪と軒天井による構成が和様建築では一般化する。その意味で薬師寺の軒裏の構成は薬師寺だけにしかみられないものである。薬師寺をモデルに復元された朱雀門や大極殿はすべてこの構成である。

唐招提寺《とうしょうだいじ》の建築

唐の僧鑑真《がんじん》が七五九年（天平宝字三）に創建したことで有名な唐招提寺にもさまざまな建築がある。平城京の朝《ちょう》集殿《しゅうでん》という宮殿建築を移築改修したという講堂建物などが知られるが、建築史として重要なのはやはり金堂建物である。

卒塔婆《そとうば》について

column

仏教建築の象徴である五重塔、三重塔などの塔は、お釈迦様《しやかさま》のお骨である仏舎利《ぶつしやり》を安置するための施設、つまりお釈迦様の墓ということになる。実際に法隆寺や薬師寺の塔の心礎《しんそ》には仏舎利の容器が埋められていた。この仏舎利の上に立てられる心柱《しんばしら》こそが塔の本体なのであって、われわれが建築としてみているのはその覆屋ということになる。内部に床はもちろんのこと人が動けるスペースもない。

塔という言葉は、本来はサンスクリットで廟《びよう》を意味するスツーパの音をとった卒塔婆があり、卒が略されて塔婆になり、さらに塔になったもので、塔という字そのものに意味はない。

このような経緯から仏教建築のなかで塔はもっとも中心的な施設であったが、日本の寺では本尊を安置した金堂が重要視されるようになり、伽藍の周辺に移されるようになる。ただ建築としての形式は保たれており、どのような場合でも三手先という仏堂ではもっとも位の高い組物が用いられる。

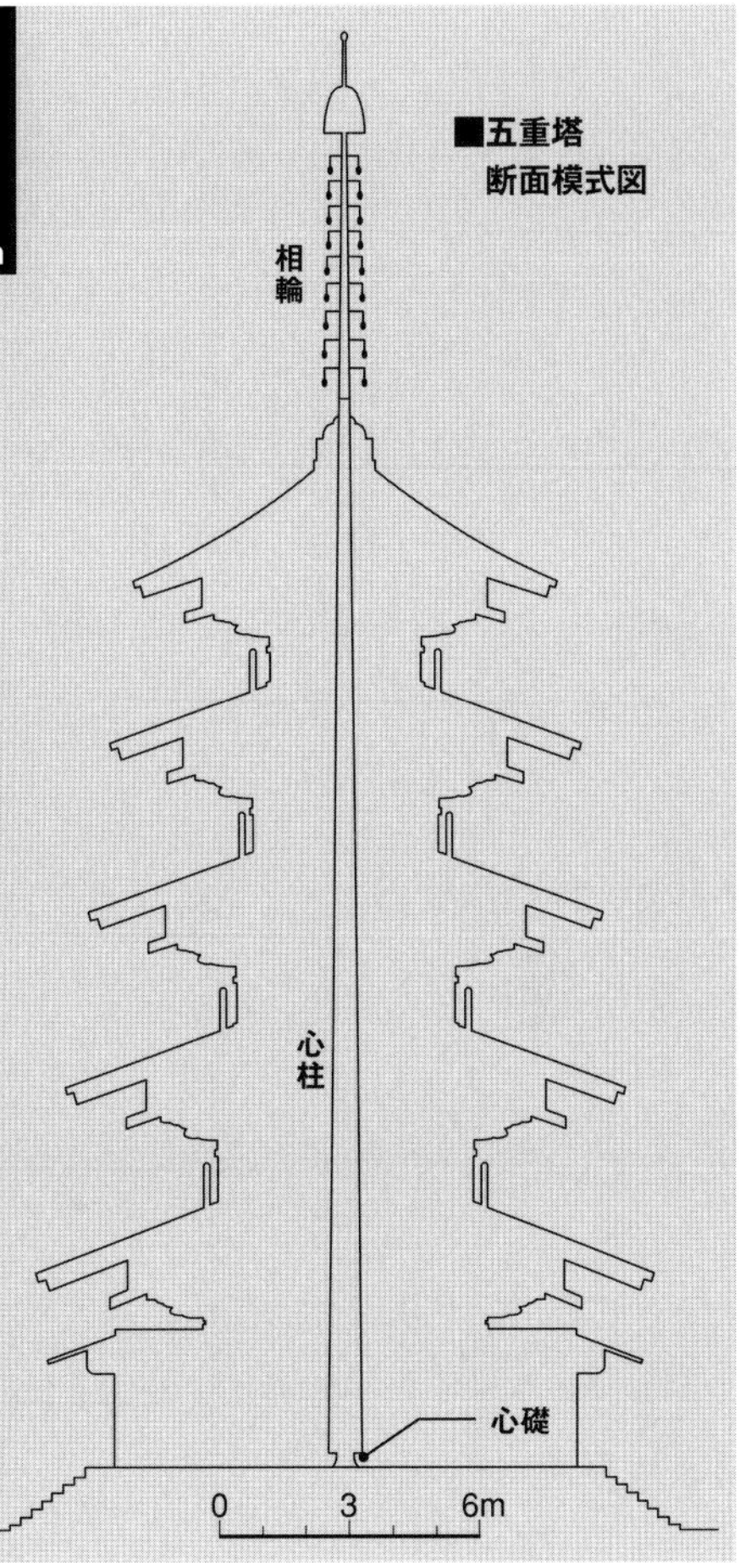

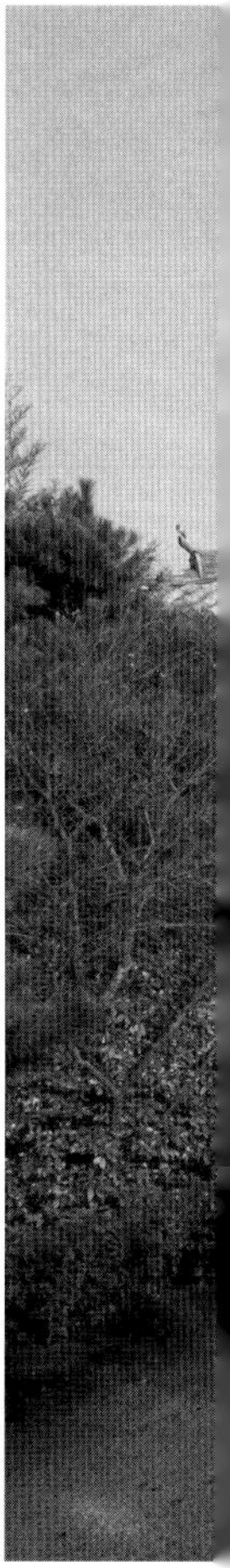

金堂は桁行七間、梁間四間、平入単層の建物で奈良時代の金堂として残る唯一の建物である。薬師寺などの金堂が重層であるのに対して単層であることは、あくまで私寺で第一級の寺でないからであろうが、その偉容は奈良時代の金堂としてのおおらかさを十分に伝えている。

前面も一間幅の壁や建具のない吹き放ちがあることが見せ場になっている。これは両側に回廊がとりつくための対応であり、当時の中国で一般的であった平面形式を取り入れていると見られる。

和様三手先の組物は薬師寺の次に古い。薬師寺組物が天平様式に至る一歩手前の未完成な形であるのに対して、この唐招提寺は最初の本格的な天平様式三手先とみてよく、わが国の和様三手先の原点といってもよいだろう。

建物全体としては鎌倉時代に大修理を行っており、以後も改修の手が加わっている。

明治にも小屋組を取り替えるような大改造修理を行っていることがわかっている。外観も創建時とはかなり異なっているはずであるが、全体の雰囲気は十分残されている。

東大寺の建築

聖武《しょうむ》天皇の発願による総国分寺《そうこくぶんじ》としての東大寺大伽藍は天平建築文化の頂点を示している。大仏が巨大であっただけではなく、それを納める大仏殿も当時としても世界最大の木造建築であった。桁行一一間、梁間七間の大建築で和様としても最大規模の建築であった。

伽藍としても巨大で、背後の講堂を取り巻いた僧坊や食堂のあったことが絵図と考古学的な所見からあきらかになっている。東西の七重塔は高さが一〇〇メートルにもおよぶものであった。ただ竣工して数年後にいずれも落雷で焼失した。

この大仏殿は一一八〇年の平重《たいらのしげ》衡《ひら》による「南都《なんと》焼き討ち」で他の興福寺伽藍などとともに焼失。源頼朝《みなもとのよりとも》によって再建されたものの、再度戦火で焼失。現在の大仏殿は江戸時代の一七〇九年に大仏様の要素を加味した和様でつくられている。その際に間口を小さくしているが、それでも世界最大の伝統的な様式による木造建築である

東大寺正倉院《しょうそういん》(校倉造《あぜくらづくり》)

column

正倉院という語は本来は固有名詞ではなく、どこの寺にもある倉の一種であったが、東大寺のものが残っていたためにこの東大寺正倉院をもって正倉院の代表にしている。

よく知られているように校倉造である。校倉とは板倉の一種で木材を井桁《いげた》状に下から積み重ねて壁をつくる建築構造で、木材の断面が矩形《くけい》ならば板倉、丸太ならログハウス、そして校木《あぜき》といって断面が三角形のものを校倉といっている。柱を使わない校倉造は、軸組構造のように構造が安定しないので、開口部は広くとれない。また正倉院は２棟のあいだに柱構造の部分を入れて構造的に安定するような工夫がなされている。

壁面を構成する校木が湿気によって収縮し、その隙間から出入りする空気を調節する自然の湿度調節機能があるという説には科学的な根拠はなく俗説といってよいだろう。

東大寺転害門《てがいもん》と法華堂《ほけどう》

column

　奈良時代の東大寺伽藍を構成していた建物で唯一残っているのが伽藍の北西に位置する転害門である。門とはいえその雄大な姿は創建時の東大寺伽藍をうかがわせるに十分である。この門も他の奈良時代の建物と同じように鎌倉時代に大修理を受けており、貫《ぬき》を通して構造が補強され、組物も大斗肘木《だいとひじき》であったものを出組《でぐみ》に改造して屋根を高くしている。

　通称三月堂《さんがつどう》と呼ばれている法華堂は、東大寺伽藍を本来構成する建物ではないが、奈良時代の建物として貴重である。

　749年（天平勝宝元）に建てられた桁行五間、梁間四間の寄棟造建物に桁行が同じ五間で梁間二間の別棟の建物を双堂《ならびどう》形式で建てていた。双堂とは桁行長さの同じ建物を別棟で建てて、一体として使うもので、梁行方向に建物をのばせない古代の建築で用いられた手法であった。中世になって礼堂が再建され、屋根を強引につないだために複雑な屋根になっている。

東大寺転害門。

東大寺法華堂。

ことにちがいはない。

3 平安時代の仏教建築

　平安遷都七九四年から鎌倉幕府成立の一一八五年（一一九二）まで約四〇〇年の平安時代は、中国から積極的に文物を導入した奈良時代に対して、国《こく》風《ふう》文化の興隆、すなわち日本独自の文化が進んだと考えられている。この間に建てられた仏教建築は膨大なものであったはずであるが、現存しているものはわずか二九棟であり、奈良時代約一〇〇年間で残る二八棟と比べても平安時代の仏教建築遺構がいかに少ないかをよく示している。

　この少ない建築遺構から平安時代の仏教建築を探らざるをえないのであるが、建築史では平安時代を、前半の密教建築、後半の浄土建築で語ることができる。

法隆寺東院夢殿《ゆめどの》(八角円堂)と法隆寺東院伝法堂《でんぽうどう》

column

法隆寺東院の地は聖徳太子の斑鳩宮があり、643年(皇極天皇2)、蘇我入鹿《そがのいるか》によって聖徳太子一族が滅ぼされた場所でもある。のちの739年(天平11)に僧行信によって建設された伽藍が法隆寺東院で、建築史としては重要な場所である。

夢殿は東院の正殿であり、二重基壇の上に立つ平面八角の建物で八角円堂と呼ばれる。天平時代創建の建物で、鎌倉時代に大改造が行われ、組物の形も変わっているが、全体として天平建築の雰囲気をよく伝えている。

夢殿背後の桁行七間梁間四間で、切妻造の伝法堂は講堂にあたる建物である。切妻造の妻壁に、二重虹梁蟇股《にじゆうこうりようかえるまた》という構造形式が表現されていておもしろい建物である。

二重虹梁蟇股とは写真にみられるように虹梁という梁の上に束である蟇股という部材を立てて虹梁を支え、さらにその虹梁上に立てた蟇股で棟と支えるという和小屋の形式のことで、古代の仏教建築の正式な構造形式である。

伝法堂は天平時代の建物であるが、最初からここにあった建物ではなく、当時の貴族の邸宅がここに移築されたことが文献と解体修理の結果確認できた。復元案も提示されている。奈良時代の貴族邸宅の規模と雰囲気をうかがわせる貴重な例である。

なお伝法堂の解体修理の際に地下遺構の調査が行われ、斑鳩宮の掘立柱建物が確認されている。礎石建てではなく掘立柱建物でも発掘で確認できた記念すべき最初の例である。

法隆寺東院夢殿。屋根は鎌倉時代に大きく改造された。

法隆寺東院伝宝堂。妻壁に内部の構造があらわれている。

室生寺金堂。斜面に建てられた懸造(かけづくり)である。©TOMOMI SAITO / SEBUN PHOTO / amanaimages

密教《みっきょう》建築

平安時代初期に密教が普及する過程で、最澄《さいちょう》と空海《くうかい》が果たした役割はあまりに大きい。最澄が開いた比叡山延暦《ひえいざんえんりゃく》寺《じ》、空海の高野山金剛峯寺《こうやさんこんごうぶじ》は現在にいたるまでその存在価値を失っていない。密教としての教義が伝えられ、曼荼羅《まんだら》に代表される関連の美術品などが導入され、密教は平安時代の社会に大きな力をもつようになる。

このような密教と密接不可分の関係にあった密教建築において特筆すべきことは以下の三点である。すなわち、山上伽藍《さんじょうがらん》の登場、多宝塔《たほうとう》の出現、礼堂《れいどう》付加《ふか》による本堂の確立である。

平安時代初期は仏教が政治の場から遠ざけられた時代である。平安京に入れなかった密教寺院は山上に伽藍を構築する。この当時の様相を知るのに格好の遺構として本来は密教建築ではないが、奈良時代最末期に創立された室《むろ》生寺《おじ》の金堂と五重塔がある。

三仏寺投入堂《さんぶつじなげいれどう》

column

仏教の一派である修験道《しゆげんどう》も平安時代後半には勢力を伸ばしており、その修行の場所として山中に仏教寺院の建物を建てている。

鳥取県三朝の山中にある三仏寺投入堂《さんぶつじなげいれどう》もその一つで崖の窪地にかろうじてしがみつくように建てられている。このように斜面に建てる建て方を懸造《かけづくり》という。現在はそこにいたる修行の道もかなり整備されているとはいえ険しく、訪れて最初にこの建物が目に入ったときはその偉容に圧倒される。

近年の年輪年代法により建築年代が1076年から1100年のあいだであり、平安末であることが確認された。

三仏寺投入堂。

多宝塔《たほうとう》の建築

column

石山寺《いしやまでら》多宝塔や、根来寺《ねごろじ》大塔で知られる多宝塔は日本建築では特異な円形部分をもっている。木造建築で円形をつくるのはむずかしく、これらの塔でも内部の構造はかなりの無理をして円形部分をつくっていることがわかる。そもそもなぜこのような形の塔がつくられたのか。

通常の五重塔、三重塔を、これらを多宝塔と区別して層塔《そうとう》と呼ぶことがあるが、これら層塔は本来仏舎利を安置するための廟なのであり、その上に心柱を立てたものであった。

ところがこの多宝塔はまったく起源を異にしていて、密教経典にみられる宝塔画像を実際の建築としてつくったと考えられている。つまり本来建築技術的にありえないはずのものを無理してつくっていることになる。それにしても建築技術から必然的にできあがる形ではなく、形が先にあって、かなりの困難をともなってもそれを実現させるという木造建築技術者の能力には驚かされる。

尾道浄土寺多宝塔。

醍醐寺五重塔。伽藍の他の建物は失われ、ひっそりと建つ。

いずれも檜《ひ》皮葺《わだぶき》の規模の小さな簡素な建物で、奈良時代末創建と考えられる五重塔は高さ一六メートル余、檜皮葺の小塔である。やや遅れて平安前期の金堂は三間四面の正堂の前面に五間の礼堂がとりついたかたちで、檜皮葺である。いずれも山上伽藍の雰囲気をよく伝えている。

密教を語るうえで重要な寺院として

平等院鳳凰堂正面。池ごしに見るこの外観が重要。

浄瑠璃寺金堂。現存唯一の九体阿弥陀堂。

醍醐寺《だいごじ》がある。醍醐天皇の御願寺《ごがんじ》となってから堂塔が整えられた。上醍醐として知られる山上伽藍からはじまり、平安後期には平地に降りてきて下醍醐の壮大な平地伽藍が築かれた。下醍醐の中心であった五重塔は九五二年（天暦六）完成で、古代・中世・近世を通じてもっとも優雅な五重塔といって

平等院鳳凰堂。朱塗の橋が復元されている。

平等院鳳凰堂。当初は基壇はなく池の中から柱が立ち上がっていたかもしれないという。

よいだろう。組物は典型的な和様三手《わようみて》先《さき》とされているが、その形式としては完成する一歩手前であるとされる。

浄土教建築《じょうどきょうけんちく》——平等院鳳凰堂《びょうどういんほうおうどう》

平安貴族の浄土教《じょうどきょう》信仰は、当時の社会不安の反映であり、末法思想《まっぽうしそう》の流行に象徴されるように信仰よって極楽《ごくらく》浄土をめざすものであった。

藤原氏を中心とする貴族たちは競い合って阿弥陀如来《あみだにょらい》の造仏《ぞうぶつ》、そして寺院の建立に走ったが、出家後の藤原道《ふじわらのみち》長《なが》が一〇二〇年に上京に建立を始めた法成寺《ほうじょうじ》は壮大な伽藍を完成し、さらに白河の地には法勝寺《ほうしょうじ》、尊勝寺などの六《ろく》勝寺《しょうじ》と総称される寺院が代々の天皇によって建立された。そのほとんどはその後の戦乱で失われ、浄土教建築としては少数の建物のみが残されている。

平安京郊外の宇治《うじ》にある平等院鳳凰《びょうどういんほうおう》堂《どう》は藤原道長の子供である頼通《よりみち》が別邸

を寺に改めたもので、宇治川沿いに位置し、東の池に面して壮麗な建築群が展開している。中心に正堂《しょうどう》、両側に翼《よく》楼《ろう》が並ぶさまは、極楽の鳥である鳳凰《ほうおう》の姿を模したという。

池に面した庭園建築であるが、近年の発掘で基壇が池の水に接するような構成であったことがあきらかになり、池と一体となった建築世界が復元されている。

なお九体の阿弥陀仏を並べる九体阿弥陀堂が大流行したが、浄瑠璃寺阿弥《じょうるりじあみ》陀堂《だどう》のみがかろうじてのこされている。

4 中世の仏教建築

鎌倉時代は日本建築史にとって大きな転換期であった。飛鳥・奈良時代に中国大陸ないし朝鮮半島から導入され、日本列島内で受け継がれてきた寺院建築様式に対して大きな転換が迫られたからである。

礼堂の付加と本堂の成立

column

密教の儀礼においてはその動き方から奥行きの深い平面が求められた。古代の建築技術では梁間二間の母屋の前後に庇を付け加えた梁間四間が通常の限界であった。実際には双堂といって、桁行をそろえた建物を平行に建てて一体で使うことで、奥行きの足りない部分は補っていた。

ただこれでは実際には不便であった。そこであいだの部分に屋根をかけるようになり、その屋根も外見や内部空間の使い勝手からより大きな大屋根で建物全体を覆う形式がつくられるようになる。奥行きが六間七間の建物の出現である。これに応じて建物名称も変化した。本尊を安置する金堂と、人間の使う礼堂が一体となった堂は本堂と呼ばれるようになった。以後の仏教伽藍の中心的な建物は本堂が一般的な名称になる。

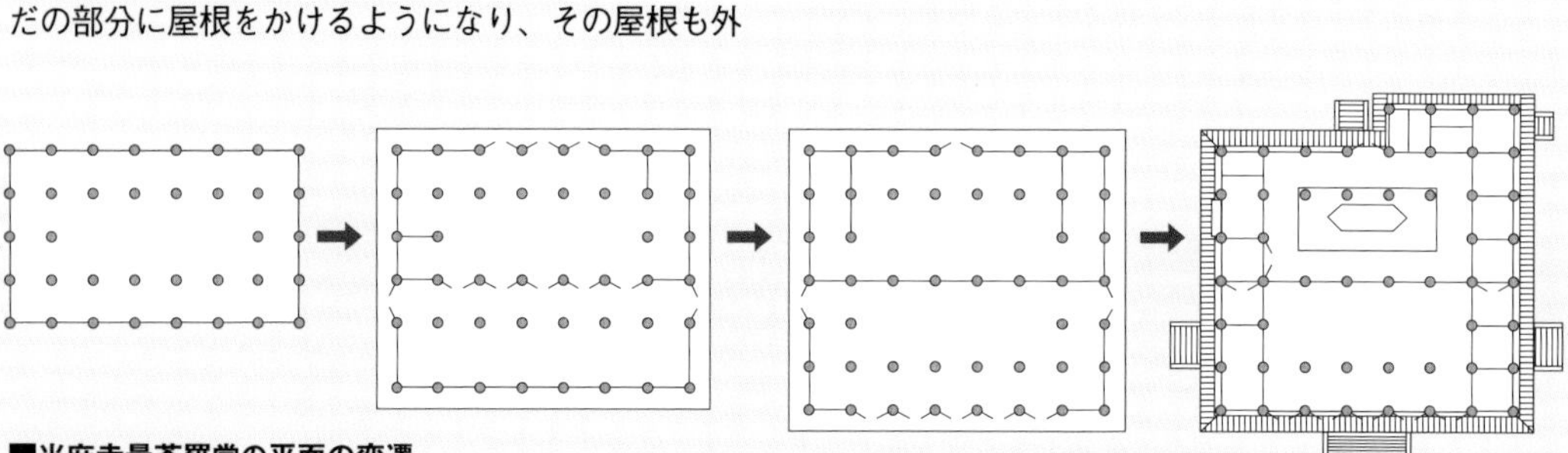

■当麻寺曼荼羅堂の平面の変遷

0　5　10 m
0　10　20　30 尺

鎌倉時代に新たに導入された建築様式は大きく二つある。一つは東大寺《とうだいじ》伽藍《がらん》を復興するのに採用された大仏様《だいぶつよう》（天竺様《てんじくよう》）で、もう一つは、禅宗寺院に用いられた禅宗様《ぜんしゅうよう》（唐様《からよう》）である。

両者は、柱を横につなぐ際に柱の材を貫通して緊結《きんけつ》する貫《ぬき》を用いることや、垂木《たるき》を放射状に配置する扇垂木など、技術的には共通する部分が多く、鎌倉新様式ないし宋様式として総称される。これらは特徴ある組物の形式とともに取り入れられて、従来からの和様（七四頁コラム参照）とともに、中世・近世を通じて普及していくことになる。

大仏様《だいぶつよう》の建築

まず、鎌倉初期に天竺様（大仏様）が入ってきた。これは一一八〇年（治承四）の平重衡《たいらのしげひら》による南都《なんと》焼き討ちにより、東大寺、興福寺《こうふくじ》といった古代以来の大寺院が焼け落ちたことが契機

平等院鳳凰堂と平泉無量光院《ひらいずみむりようこういん》

column

岩手県平泉町の無量光院《むりようこういん》遺跡は、JRと県道に挟まれた水田のなかにある。12世紀末の藤原秀衡《ふじわらのひでひら》によって建立されたとされる寺院であり、水田のなかに本堂跡と南北の翼廊《よくろう》跡、東中島、そして関連の遺跡が確認されている。

注目されるのは発掘で確認されるほぼ東に面した配置形式が宇治平等院鳳凰堂と規模がやや違うもののうり二つといっていいほどよく似ていることである。ただ単に配置だけではなく、橋のかけ方や水路にかかわる土木工事の手法もよく似ているという。

ということはあきらかに平等院鳳凰堂を意識して建てられていたことになる。平泉遺跡全体が京都風なのか、はたまた東国風なのか議論が続いているが、東国の王権である平泉藤原氏の性格や、この時代の奥州文化全体を見極める重大な手がかりが提示されているのである。

無量光院遺跡。8月30日にほぼ西正面金鶏山に日が沈むという。

になった。
興福寺はまだ藤原氏が実質的に力をもっていたので、古代以来の方法、つまり従来の建築様式で再建ができたが、東大寺には再建するだけの体制がなかった。そこで登場したのが将軍　源《みなもとの》頼朝《よりとも》である。武家政権鎌倉幕府の威信をかけて再建に乗り出した頼朝が、新たに大勧進《だいかんじん》という役職に任命したのが重源《ちょうげん》である。入宋の経験があり、建築事業にも詳しかった重源が導入したのが大仏様（天竺様）という新しい建築様式であった。

一章の組物の項で述べたように、柱の中ほどにも挿肘木《さしひじき》といって肘木を差し込むのが大仏様の構造的にも外観からみても大きな特徴である。貫という柱を貫通する横材を使うことも構造的には大きな意味がある（七六頁コラム参照）。

建物の四隅の垂木を「扇垂木」といって放射状にする、天井を張らない、垂木の先に「鼻隠《はなかく》し板」をうって不揃

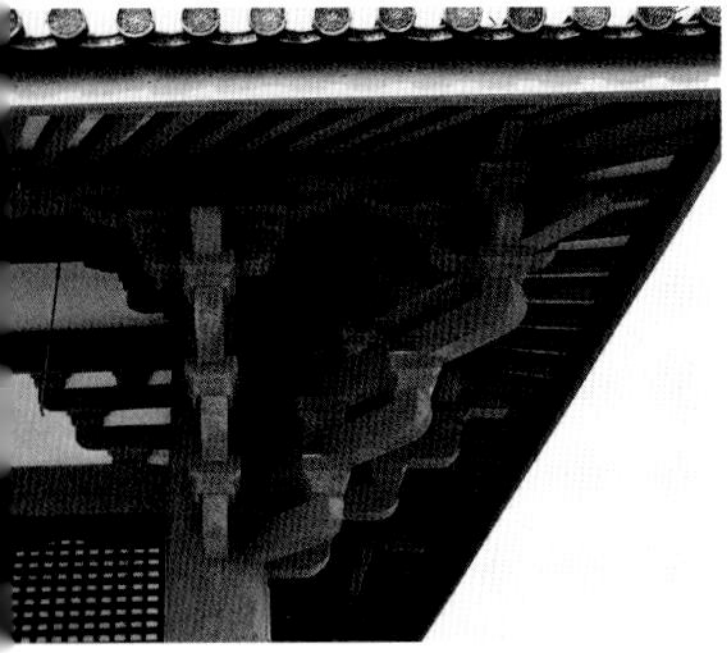
挿肘木・扇垂木・鼻隠し板の具体例。

桟唐戸。

和様《わよう》、唐様《からよう》、天竺様《てんじくよう》

column

和様、唐様、天竺様というと語呂がいいが、日本の仏教建築はこれらの用語で説明するとわかりやすい。

鎌倉時代に当時の中国の宋から新たにもたらされたのが東大寺大仏殿再建で用いられた天竺様、少し遅れるが禅宗建築にもっぱら用いられる唐様である。これらは宋様式または鎌倉新様式と総称されることがある。

この唐様、天竺様の登場によって、奈良時代以来国内で建てられつづけてきた仏教建築を区別して和様と呼ぶようになる。言葉としては和様、唐様、天竺様とそろえたことになる。ただ学術用語としてみた場合、唐は中国、天竺はインドのことであるから、それぞれ中国とインドの建築ということになってしまい、必ずしも実体と合致しないので都合が悪い。そこで学術用語としては天竺様のかわりに大仏様、唐様のかわりに禅宗様という言葉を使うようになった。

なお〈様〉を様式といってしまうことが多いが、必ずしもふさわしい呼び方ではないかもしれない。様式という言葉はスタイルの訳語であり、ヨーロッパの美学ないし美術史の概念である。ギリシャ・ローマ、ビザンチン、ロマネスク、ゴシック、ルネサンスなどヨーロッパの様式が思い浮かぶであろう。これらは古代以来のヨーロッパ地域の歴史ないし社会文化と深く結びついた概念で、少なくとも建築だけの話ではない。それに対して〈様〉は建築の技術手法をさしており、意味範囲は小さい。

東大寺南大門。

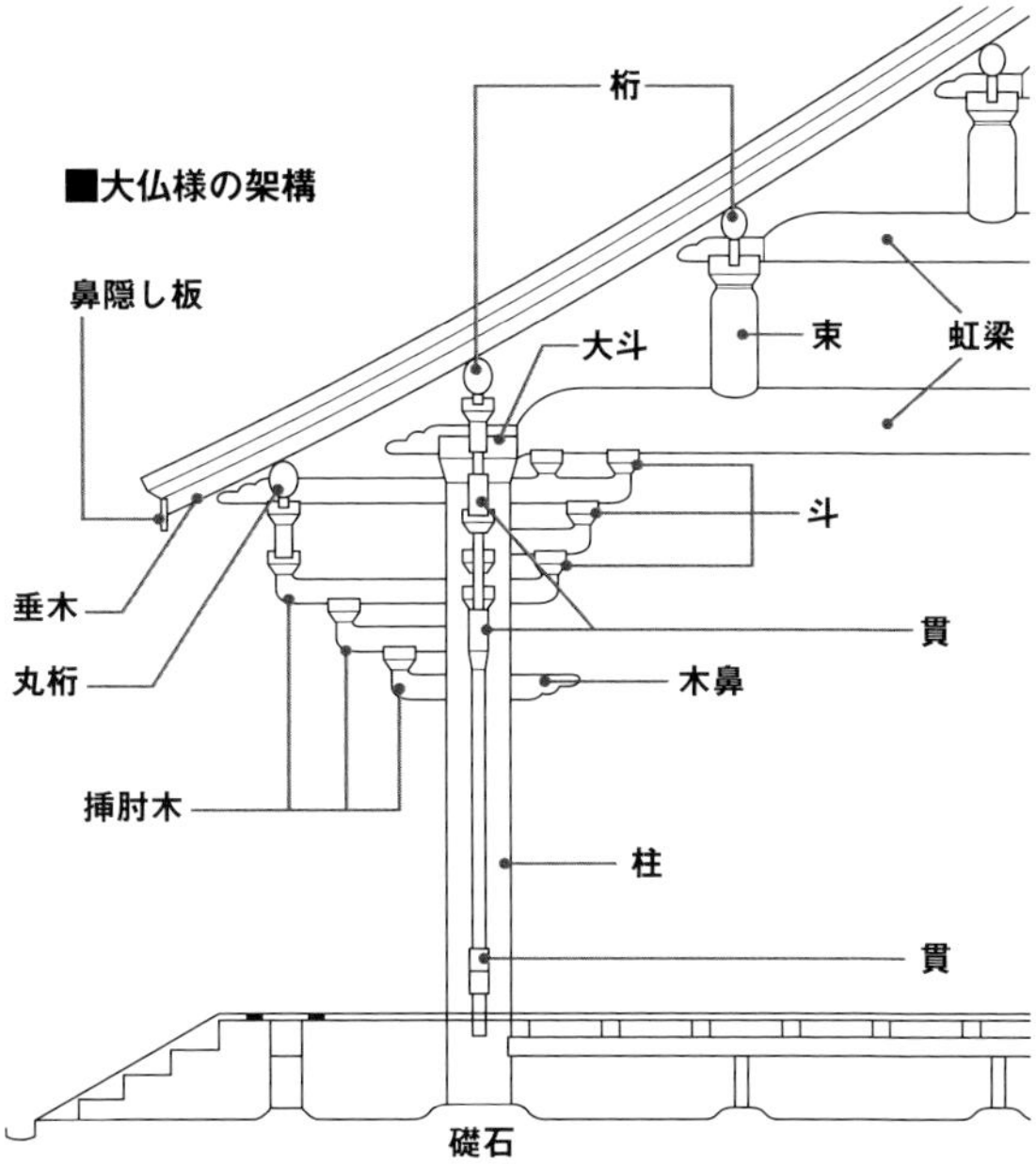

浄土寺浄土堂。

いでも見苦しくなくするなど、従来の和様にはまったくない斬新な考え方が入っており、貫や挿肘木が柱を貫通して反対側に出た部分に「木鼻《きばな》」という特徴的な繰形《くりかた》を用いることも特徴である。

外観上、従来からの和様と決定的に違うのは建具で、「桟唐戸《さんからと》」といって木で枠を組んで板をはめ込んだ扉建具を、貫に打ちつけた藁座《わらざ》という部材で釣り込んでいる。従来の和様では板扉を長押にはめ込んでいるのである。

このような大仏様は、構造手法、外観意匠とも従来の和様からみればかなり異様であり、当時の日本人の感覚には受け入れられなかった。重源没後は本来のまとまった建築様式としては急速に衰えることになる。

残された建築は少ないが、一一九二年（建久三）創建の浄土寺浄土堂（兵庫県小野市）は、もっとも純粋な形の大仏様を伝えており、反りのない軒や、

貫《ぬき》と長押《なげし》

column

鎌倉時代以降新しくもちこまれた大仏様、禅宗様は、従来からあった和様に比べて組物の使い方や形態が大きく異なっていた。ただそれだけではない。構造技術的にみて実質的に大きな役割を果たしたのが「貫」である。

貫とは、柱を貫通して横につなぐ部材で、柱の穴にぴったりと差し込み、さらに楔《くさび》を打ち込むことによって、枠組みをつくり構造を固めることができる。この貫の技術自体は弥生から縄文にまでさかのぼる可能性が指摘されており、従来の和様で用いられていなかったのは不思議であるが、なぜか用いられていなかった。

和様の技術者は柱に穴を開けることを好まなかったといわれている。ではどうしていたのか？　長押を使っていたのである。和様においては柱を前後から挟み込む太い長押という横材で建物の横揺れを止めていたのである。実際、和様の建物の正面は長押の横線が通るので水平方向が強調されるデザインになっている。それに対して大仏様、禅宗様では柱の縦線が強調されるデザインになっている。

なお、一度貫が導入されると、従来の和様建物にも積極的に貫が使われるようになる。とくに重要なのは和様建築の修理の際に貫を入れて補強する例である。たとえば法隆寺中門や平等院鳳凰堂の翼廊部分の貫は本来はなかったものが、鎌倉時代以降の修理で付け加えられた。この貫が入ることで構造的に安定し、現在にまで建物が維持されたと考えられる。

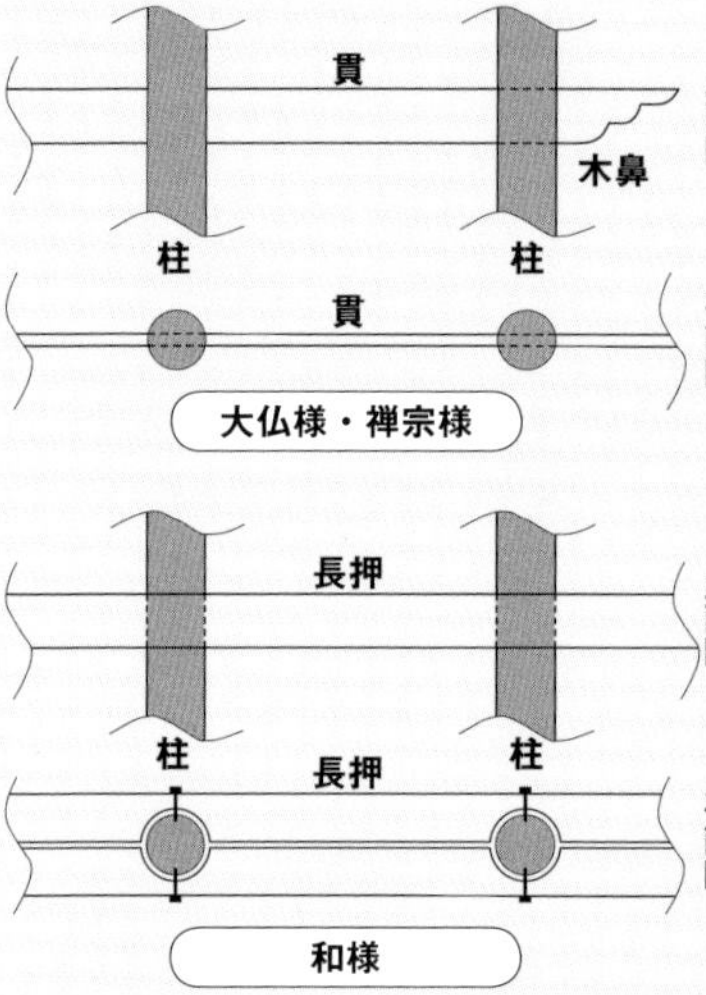

平等院鳳凰堂の貫。

東福寺三門。

内部の虹梁による架構は力強い。

再建された東大寺大仏殿はその後の火災で失われたが、一一九九年上棟の南大門によって鎌倉再建東大寺の偉容は十分うかがうことができる。

なお一四二五年（応永三二）再建の東福寺三門（京都東山）は、禅宗寺院であるにもかかわらず大仏様の手法が用いられており、一二三九年創建時には大仏様で建てられたと考えられている。

禅宗様《ぜんしゅうよう》の建築

鎌倉時代も後半に入ると武士の帰依《きえ》を受けた禅宗が広まる。この禅宗寺院で採用されたのが禅宗様である。建長寺伽藍配置の指図が尊重されたように、禅宗の修行は中国直結がめざされ、建物も中国直写がめざされた。残念ながら鎌倉《かまくら》五山《ござん》をはじめとして禅宗が導入された時点での本格的な禅宗様建築はまったく残っていないが、建築様式そのものは忠実に継承されたのちの時代の建築から十分に想定できる。

禅宗様（唐様）と和様との最大の違いは大仏様と同じように組物の構成である。柱上の組物と組物の間に入れる軒下の部材を中備《なかぞなえ》という。和様の場合は蟇股《かえるまた》をいれたり間斗《けんと》束《づか》といって束と枡の組み合わせを入れたりする。

禅宗様ではここにも柱上と同じ組物を入れるのである。「詰組《つめぐみ》」といって、軒下に組物がずらりと並ぶことになる。もともと禅宗様組物は和様とは違って少し小振りであり、その代わりに枡を細かく並べている。したがって詰組の軒下は非常に賑やかなことになる。

そのほかの特徴として、構造的には扇垂木がある。ただし大仏様のように隅だけではなく全体的に放射状に配するところが違う。

禅宗様。柱の上下の粽。柱下の礎盤。木鼻も見える。

なお外見でよくわかることとして、柱の形が少し違っていて、上下に粽《ちまき》という粽の形に似た丸みをつけることと、礎石との間に礎盤《そばん》というちょうどそろばん玉のような部材を挟み込む。木鼻を用いるのは大仏様同様であるが、形がかなり違う。桟唐戸は大仏様とほぼ同じ形で貫につり込む方式も同じである。

部材では「海老虹梁《えびこうりょう》」という海老の形に似た虹梁を庇部分に用いる。華頭曲線という独特の曲線をもちい、窓の上部に用いると「華頭窓《かとうまど》」になる。

現存の禅宗様の建物では円覚寺《えんかくじ》舎利《しゃり》殿《でん》が代表として取り上げられる。ただこの建物はもともと円覚寺の建物ではなく、同じ鎌倉ではあるが大平寺仏殿という鎌倉時代ではない一四世紀末の建物を移築したと考えられている。

写真にあげた広島不動院金堂は一五四〇年（天文九）の建築で、大内氏の文化を背景として栄えた周防山口から移築したもので、中世禅宗五山仏殿を縮小して再現したものとみることができる。中世仏殿の雰囲気をうかがうこ

広島不動院金堂。堂々とした威容に注目。

華頭窓。

■禅宗様組物

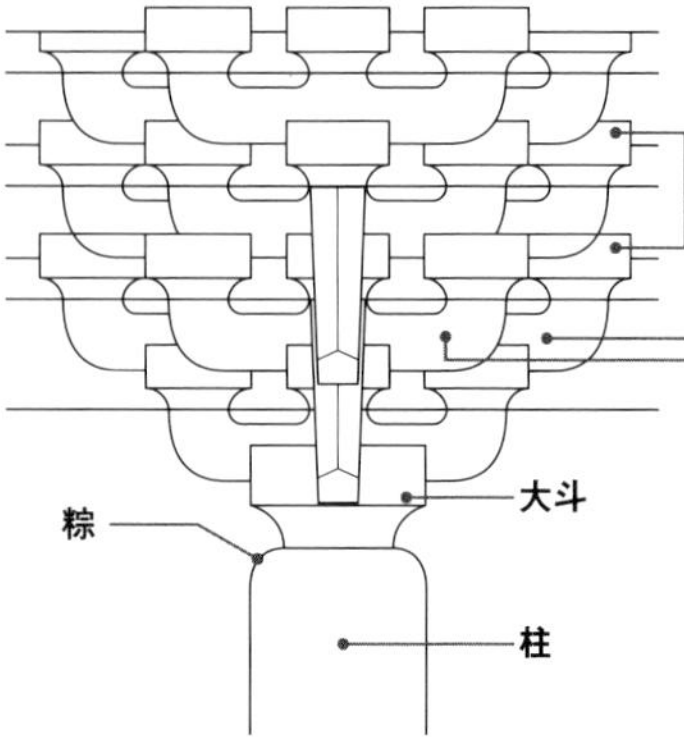

蓮華王院本堂(三十三間堂)。長大な外観だけでなく、内部の仏像でも知られる。

とができる数少ない遺構である。

中世の仏堂
——新和様《しんわよう》と折衷様《せっちゅうよう》

鎌倉新様式として大仏様と禅宗様が導入されたことは、奈良時代以来の和様しかなかった仏教建築にとっては画期的なことであった。ただしかし、大仏様は東大寺再建に限られ、禅宗様も禅宗の普及には時間がかかったし、これも当初は禅宗建築に限られていた。これら新様式は少数派であり、天台・真言や奈良時代以来の南都《なんと》六宗《ろくしゅう》の古代寺院は、相変わらず和様で建てられ続けた。

それでも一三世紀後半以降、徐々に、和様を基調としながらも大仏様や禅宗様の構造形式や装飾要素を組み込んだ新しい様式の中世仏堂が各地に建てられるようになる。それら新しい動きを示す様式の呼び方として、新和様《しんわよう》と折衷様《せっちゅうよう》が用いられることがある。建築史研究者のあいだでも使われ方が微妙に違うが、和様に大仏様の構造手法を取り込んだものを新和様と呼び、禅宗様・大仏様を取り込んで新しい様式にみえるものを折衷様と呼ぶことがある。

京都の仏堂は新しい動きに対応していないので、中世仏堂の様式幅は広がったといってよいであろう。ともかく、東大寺や興福寺の再建で建築の世界は大きく変わり、さらに建築技術者の移動とともに近畿から瀬戸内海沿岸の西国で、新しい様式で仏教建築がさかんに建てられるようになったことが中世の大きな変化であろう。

なお、これらの新和様、折衷様を、和様、大仏様、禅宗様と並べて様式名として使う必要はないと思われる。建てられた建物の数はともかくとして、古代以来の和様に対して、鎌倉新様式としての大仏様、禅宗様があり、以後はこれらの様式の組み合わせで説明する方が仏教建築の変遷を理解するのに有用と思うからである。

この時代の代表的な仏堂として少数であるが、例をあげておく。

京都東山の、蓮華王院《れんげおういん》本堂（通称三《さん》

十三間堂《じゅうさんげんどう》）は一一六四年創建であるが、現在の建物は一二六六年に再建されたもので、京都における和様の代表例である。大報恩寺《だいほうおんじ》本堂（一二二七年）は京都市内にありながら戦火を免れた貴重な建物であり、堂々たる純和様といってよいだろう。

瀬戸内海沿岸には中世の仏堂や神社が数多く残されており、それぞれ個性を競い合っている。中世以後近世近代を通じて、地域の信仰の場として大きな役割を果たしてきた。ここにあげた寺も、地域における寺のかつての存在観を今でもよく残している。

明王院《みょうおういん》（福山市）はもと常福寺といい、明王院本堂（一三二一年）はすぐ近くにあった寛文《かんぶん》期に水没した草戸千軒遺跡との関連が想定される寺で、細部に大仏様、禅宗様の影響が認められる折衷様として知られる。四国松山の太山寺本堂（一三〇五年）、尾道の浄土寺本堂（一三二七年）も新しい建築的な試みがなされた折衷様の仏堂である。

5 近世の仏教建築

中世まで日本建築の主導権を握ってきた寺院・神社建築は、近世への転換

京都大報恩寺本堂。千本釈迦堂として親しまれている。

福山明王院本堂。

松山太山寺本堂。

尾道浄土寺本堂。

東大寺再建大仏殿。正面幅が約３分の２に縮小されている。

大仏殿正面の唐破風細部。

過程でその地位を、主に武士による城郭や御殿の建築、そして商工業者を中心とする庶民の民家建築によって追われることになる。

もちろん実際には、幕府や大名家による大寺院・神社の造営は行われ、庶民レベルでも村や町の鎮守や小仏堂として寺院・神社建築は数多く建てられた。ただ建築としての後世に影響を残すような形で新しいものを生み出す余力は残されていなかったように思われる。

近世寺院建築として古代以来の大寺院の再建と黄檗《おうばく》宗による新しい仏殿を取り上げよう。

東大寺大仏殿の再建

近世初頭にさかんに行われた古代以来の寺院・神社の再建は、あらたに支配者となった幕府や大名にとってその権威と権力を誇示するために必要であったと思われる。その多くは復古的な建築様式で建てられたが、そのような動きの最後が東大寺大仏殿再建である。

奈良時代に聖武《しょうむ》天皇によって創立された伽藍が平安末の一一八〇年に焼け、鎌倉再建の仏殿も再度戦火で一五六七年（永禄一〇）に焼失、二度目の再建が江戸幕府の威信をかけ行われ、一六八八年着工、一七〇九年（宝永六）に完成したのが現在の大仏殿である。

奈良創建大仏殿に比べて正面桁行を四間短縮しているのは、柱などの建築用材調達がむずかしかったことがあるとされている。その代わりに鉄輪《かなわ》でつないで太い柱材にする試みがなされている。様式的には挿肘木を用いるなど大仏様を加味した和様で建てられた。

万福寺大雄宝殿。

万福寺回廊。

正面中央に唐破風が取り付けられたところは近世の意匠であり、全体の印象はもちろん違っているが、大仏殿の本来の偉容を味わうことができるのではないか

新しい木造技術によるものでさらに大きな建物もあるようではあるが、正面五七メートル、側面五〇・五メートル、高さ四七・五メートルという規模は、伝統的な木造建築技術による宗教建築として世界最大であることは間違いない。

黄檗宗《おうばくしゅう》の建築
——万福寺《まんぷくじ》

一六五四年（承応三）に来朝した明僧の隠元《いんげん》によって黄檗宗が新たに導入された。一七世紀中期に、長崎崇福寺《そうふくじ》などとともに宇治万福寺《まんぷくじ》が明《みん》・清《しん》様式の中国式寺院として建てられた。

その伽藍は主要建物を回廊でつないだもので、中国直伝の奥行きの深い、ほぼ左右対称の配置である。一六六八年創建の大雄宝殿は前面一間が吹きはなちで、前には月台という舞台があり、宝珠《ほうじゅ》を棟上中央にのせた外観は当時としてはかなり異国風の雰囲気をもっていたようである。黄檗天井とも呼ばれる曲がった輪垂木によるトンネル状の天井も異国風で以後の日本建築にも採り入れられるようになる。

この万福寺など黄檗宗の建築による直接的な影響であるあるかどうかわからないが、この時代の造形の基調として中国趣味があったことは認識しておいた方がいい。

神社の項でもみたように日光東照宮はそもそも唐様（禅宗様）なのであり、彫刻の主題は中国の仙人譚であり、装飾は龍や唐獅子など中国趣味紛々なのである。これは以後の一般庶民の建てた寺院神社でもそのまま受け継がれている。当時の日本人は上から下まで中国文化にあこがれていたのだということを覚えておかなくてはならない。

第3章

住宅建築

——組物のない建築

韓国ソウル都市韓屋に用いられた組物と枡。

住宅建築には多彩な種類の建物が含まれる。実際に第二章で述べた寺院・神社建築以外はすべて人間が使うという意味で住宅に分類することにする。住宅という言葉の本来の意味からするとちょっと違和感を覚えるかもしれないが、ここでは単純に割り切って考えてほしい。

日本の住宅建築には組物がない

日本の住宅建築の特徴の一つは組物《くみもの》を用いないということである。これは寺院・神社の宗教建築に組物が用いられるということと対比していえることであるが、住宅建築の主流である書院《しょいん》造《づくり》や民家などにはまず用いられないし、寝殿造《しんでんづくり》の建物は残っていないので不明の部分もあるが、原則的には用いられていなかったと考えられる。

これだけ先にいってしまうと住宅に組物がないのはあたりまえで不思議でも何でもないと思われるかもしれない。しかしあえて強調するのは、同じ木造建築の文化圏と考えられる韓国、そして本家本元である中国では、決してそうではない。むしろ住宅に組物が用いられるのはあたりまえであるからである。

韓国でも中国でも住宅に組物を使っている

韓国では支配層の住宅である両班《ヤンバン》住宅や、韓国でも民家と呼ばれることが多い庶民住宅でも組物が用いられている。

たとえば、写真にも示した都市韓屋《かんおく》と呼ばれる近代の都市住宅でも枡（斗）がかなり積極的に用いられている。こ

台湾台中の住宅。軒を支えるのに挿肘木を用いる。

中国江西省の住宅。挿肘木と枡が普通に使われる。

れらの斗栱《ときょう》は構造的な部材ではなく、建物を立派に見せるための装飾である。したがって構造的な必要性はないにもかかわらず用いられている。だからこそ日本の住宅に組物が禁欲的にまったく用いられないことのほうが不思議である。

　また、江西《こうせい》省の例を写真に示したように中国でも庶民住居で屋根を支える部材として組物を用いるのはごく普通のことである。

　さらに台湾の住宅は、木造ではなく組積造《そせきぞう》のようであるが、大仏様系のいわゆる挿肘木《さしひじき》を用いている。この例でも示されるように大仏様と呼ばれている当時の宋から伝来したとされる仏教建築の様式で用いられる組物は、中国では寺院には用いられないで、住宅、それも庶民住宅に用いられていたのかもしれない。少なくとも現在はそのような用いられ方を確かにしているのである。

　なぜ日本の住宅で組物が用いられないかについては、第二章でも述べたように、飛鳥時代に組物を用いた仏教建築が朝鮮半島からもたらされた際に、それまで日本列島内で主流であった組物を用いない建築形式が、仏教建築と区別されて、住宅建築の様式として受け継がれていったためと考えられる。ともかく重要なことは宮殿や住宅では原則として組物を用いない建築が受け継がれたことである。

　以下この章では日本の住宅建築の代表的な様式をほぼ歴史に沿って説明したい。

1 竪穴住居と高床住居

竪穴住居《たてあなじゅうきょ》で住宅の歴史は始まる

日本列島に住み着いた人たちは最初にどのような場所に住んだのか？ 雨風をしのぎ、獣類などの外敵から身を守る拠点をどのような方法で築いたのか？

人類一般の例からみても樹上住居や、洞穴《どうけつ》などの横穴《よこあな》住居が当然あったはずであるが、人間の構築物としては痕跡を残すことがまずない。地面に確実な痕跡を残す形式としては竪穴《たてあな》住居がある。

一般に地面を丸くないし四角く掘った穴があり、内部が踏み固められていればまず竪穴住居と認めている。中に炉ないし火を焚いた跡があれば完璧である。柱穴《ちゅうけつ》がある場合もあるが、はっきりと確認できないことも多い。柱穴のない構造も想定されている。

このように竪穴住居から日本人の歴史が始まるという見方が普及したのは静岡県登呂《とろ》遺跡の存在が大きいだろう。登呂遺跡で復元された竪穴住居は教科書にも取り上げられ、弥生時代の人々の生活のイメージをつくるのに大きな影響を与えてきた。

登呂遺跡の復元竪穴住居。（写真提供・静岡市立登呂遺跡博物館）

弥生時代以前の縄文時代にも竪穴住居は確認されている。縄文期のものは平面が円形のものが多いのに対して、弥生になると方形になる傾向があるのは、上部構造、つまり建物部分の変化に対応していると考えていいだろう。さらに縄文以前のいわゆる旧石器時代にも竪穴住居はあったとは思われるが確実な例としては確認されていない。

竪穴住居の形態

日本列島各地で確認され、竪穴状遺構と呼んでいるのは、直径数メートルから十数メートルで、深さは一メートル弱程度の穴状の遺構のことである。穴の内部に四本ないし数本の柱穴が確

吉野ヶ里遺跡。復元された竪穴住居と高床建物。

認されることがあり、多くは中で火を焚いた跡があることから住居と推定されている。

問題は穴と柱穴からどのような建物を想定するかということである。登呂遺跡では四本の柱の上で梁と桁《けた》にあたる水平材を組み、さらにその上に屋根面を支えるあばら骨にあたる垂木《たるき》を配し、茅葺《かやぶき》の整然とした屋根が架けられている。

このようなかたちが推定されたのは、高殿《たたら》と呼ばれる近世の砂鉄精錬《さてつせいれん》で用いられる作業場の建物がちょうどこのような形をしていて、地面に残す穴や柱穴が発掘遺構とそっくりであることから同じような構造ではなかったということになったのである。この説が登場する以前は、その形の見当がついていなかったので、登呂復元住居は素直に受け入れられた。

ただその後の数多くの竪穴住居の発掘成果によって、必ずしも登呂のような復元がいいのかどうかには疑問が出されてはいた。なんといっても近世段階の建物をモデルにしていいのかという問題はあった。

そのようなときに、登呂の復元住居を見直すのに決定的な役割を果たしたのは埋没家屋である。火山爆発による火山礫《かざんれき》に埋まった遺跡が発見されたことである。

たとえば年代は少し新しい六世紀の古墳時代になるが、一九八五年（昭和六〇）から発掘の始まった群馬県の中《なか》筋《すじ》遺跡がある。榛名《はるな》山《さん》二ツ岳の大噴火による火山灰の下から、垣に囲われて竪穴住居跡四棟と、平地式住居跡三棟と祭祀《さいし》遺構が確認されている。柱穴だけではなく、構造部材そのものの痕跡もつぶされているとはいえ確認されている。それによれば、登呂で想定された竪穴住居の構造とはいくつかの点で異なっていた。もっとも重要な点は二点である。

①屋根勾配がゆるい、つまり棟は高くない。

②茅など草材で葺くが、その上に土をのせている（中筋遺跡の場合、さらに上に茅をのせているので土をサンドイッチ状に挟んでいる）。

これらの相違点は、実際に建物をつくる観点でみると、長い柱の木材が必

中筋遺跡竪穴復元住居。茅葺の草のあいだにサンドイッチ状に土が挟まれている。

要がないことや、屋根の作業がしやすいこと、さらに、屋根の上に土をのせたほうが防寒にもなるなど合理的であり、実際にはこのような姿のほうが登呂のように勾配のきつい茅葺屋根よりもありそうである。実際の竪穴住居はこの中筋の復元住居のようなものが多かったのではないか。

実は東アジアの北の地域で今でも建てられ、季節的な建物として用いられている竪穴住居があるが、実際の例でみると、多くはこのような土を上にのせた屋根である。出入り口が見えないと土饅頭《どまんじゅう》のようにみえて住居とは確認できない。このような形のほうが、防寒だけではなく、外敵に備えた構えとしても有利なのではないかと想像できる。

高床住居《たかゆかじゅうきょ》の復元

一方、登呂遺跡など弥生集落の復元

では、クラとして高床《たかゆか》建物も復元されている。竪穴に比べて地面に残された柱穴の痕跡しかない高床建物はそれだけでは建物の形はわからない。高床かどうかも簡単にはわからないのである。

ただありがたいことに、ほぼ同時代の銅鐸や銅鏡に刻まれた絵によってそのだいたいの形は想定できる。また東南アジアなどで今でも使われている高床住居も大いに参考になる。さらに具体的な形については、第二章でも述べたように、神社建築の形式がおおいに参考になったのである。

中国黒竜江省ホジェン族住居。冬期の住居として今でも使われている。

ただこのような形で復元されていた高床建物は、弥生時代の稲作の連想からまず米などを収納するクラなのであり、住居であるかどうかはこれもあきらかではない。これも神社建築などからの類推から、支配層の住居ないし宮殿として用いられ、のちの支配階級住宅につながっていくと考えられている。

このような高床建物の見方を大きく変えたものが一九八六年（昭和六一）から発掘が始まった佐賀県の吉野ヶ里《よしのがり》遺跡である。

弥生時代の二重の環濠《かんごう》で囲われた大規模集落遺跡で、竪穴住居、高床住居をはじめ祭祀遺構、青銅器工房などが確認され、さらに木柵《もくさく》、土塁《どるい》、逆茂木《さかもぎ》といった敵の侵入をふせぐための施設があり防御的な性格が強いことが注目された。建築の観点から注目されたのは、見張りや威嚇のための物見櫓《ものみやぐら》が復元されたことである。

高床建物と貫《ぬき》

高床建物の復元に決定的な役割を果たしたのが構造部材としての〈貫《ぬき》〉の存在である。貫については鎌倉時代に、当時の中国宋からあらたに導入された大仏様、禅宗様で用いられた。当時の仏教建築としては画期的な技術であり、従来からあった和様建築にも修理や改造の際に取り入れられて、以後の日本建築全体に重要な役割を果たしたとされてきた。

このような当時の日本建築史の定説にしたがえば、弥生時代の建築に貫があるはずがなく、構造的に安定した高床の建物そのものがかなりむずかしいとされてきた。しかし、この吉野ヶ里ではかなりの高さの物見櫓《ものみやぐら》が貫を使っ

登呂遺跡の復元高床建物。（写真提供・静岡市立登呂遺跡博物館）

インドネシアバリ島テンガナン集落の高床建物。

吉野ヶ里遺跡。集落への入り口。

吉野ヶ里遺跡。主祭殿内の儀式復元。

吉野ヶ里遺跡。貫を用いて復元された物見櫓。

た構造で復元され、おおいに人気を博したのである。

　このような建築史としての見解の大転換は、各地で発掘された弥生時代を中心とする発掘遺構の検討と、やはり発掘された建築部材の丁寧な調査と分析によるもので、宮本長二郎氏によって行われた。従来から確認されていた柱材の穴や、貫の可能性のある材があらためて見直され、構造的にたえうる

吉野ヶ里遺跡。高床の倉と物見櫓。

唐古《からこ》・鍵《かぎ》遺跡の高床復元建物 貫を使わない構造

column

　吉野ヶ里遺跡の高床建物が建てられ、しかも評判になっても、建築史研究者のあいだでは貫《ぬき》の存在はなかなか認められるものではなかった。やや遅れて1992年（平成4）に発掘された弥生遺跡の唐古《からこ》・鍵《かぎ》遺跡（橿原市田原本町）の土器片に描かれた高床建物は、貫を用いないで、日本の仏教建築に貫が導入される以前の和様の構造手法である長押《なげし》を用いて復元されている。

　こちらは、発掘で存在が確認されたものではなく、あくまで絵画によるものであるから、実態を反映することをめざしているわけではない。しかしながら、できあがった建物でみるかぎり、貫の存在を認めた吉野ヶ里の方が全体的な雰囲気をよく表しているようにも思える。何より、この高床建物のモデルがあったとされる当時の中国大陸では、貫の技術は使われていたはずであり、日本列島の古代に貫がなかったとはとても思えないのである。

吉野ヶ里遺跡。高床三層建物に復元された主祭殿。

貫があった可能性が提示されたのである。そのような可能性を最大限適用して吉野ヶ里復元高床建物は建てられている。

　発掘遺構の検討では、高床建物は弥生はもちろんのこと、縄文時代にもすでにあったという見解がかなりの力をもちつつある。もちろん発掘部材などの根拠が示されているのではあるが、研究者のあいだでも認めない人もおり、見解は分かれている。

唐古・鍵遺跡長押による復元建物。

縄文の三内丸山遺跡で復元された高床のクラ。

2 寝殿造と書院造

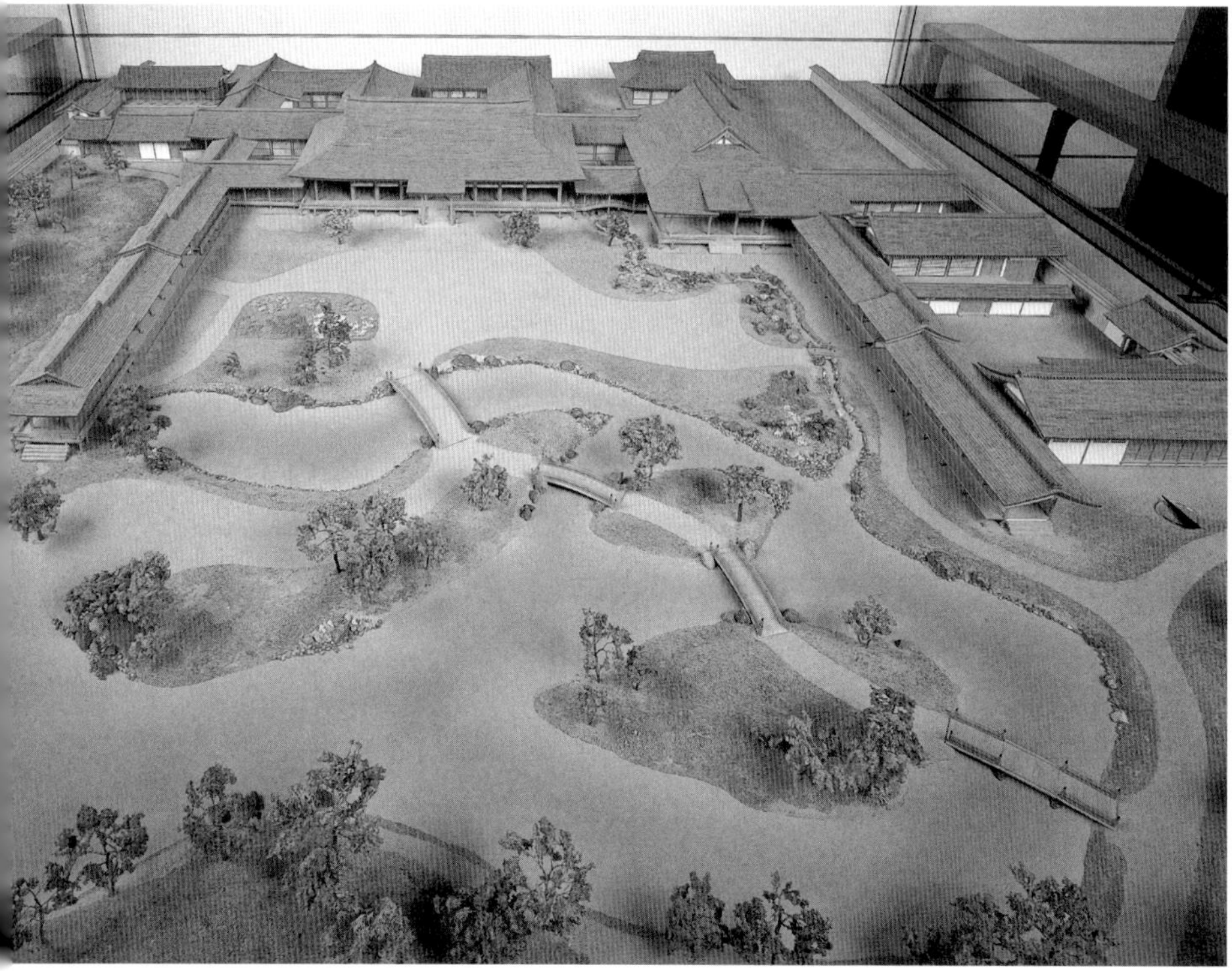

東三条殿復元模型。（国立歴史民俗博物館蔵）

「寝殿造《しんでんづくり》と書院造《しょいんづくり》は日本住宅史における二大様式である」という言い方がされることがある。

この場合の様式は、ただたんに住宅の形式だけではなく、そこに住む人間や住み方、生活のあり方まで含めて様式と考えている。支配層の住宅にかぎってではあるが、この二つの住宅様式で日本人と住宅のかかわりはかなりよく説明できる。

寝殿造《しんでんづくり》の成立

寝殿造とは、平安貴族の邸宅である。平安京の四〇丈（一町＝約一二〇メートル）四方の築地塀《ついじべい》で囲われた敷地区画の中に、主屋《おもや》である寝殿が南面して建ち、対屋《たいのや》という副屋を南側の庭を囲んで廊《ろう》・渡殿《わたどの》でつないで配する。

池や築山《つきやま》のある庭には、東西の対屋から中門廊《ちゅうもんろう》が延びて途中に出入り口である中門を設け、さらに南の先には泉《いずみ》

■**東三条殿復元平面図（太田静六復元）**（日本建築学会編『日本建築史図集』より）

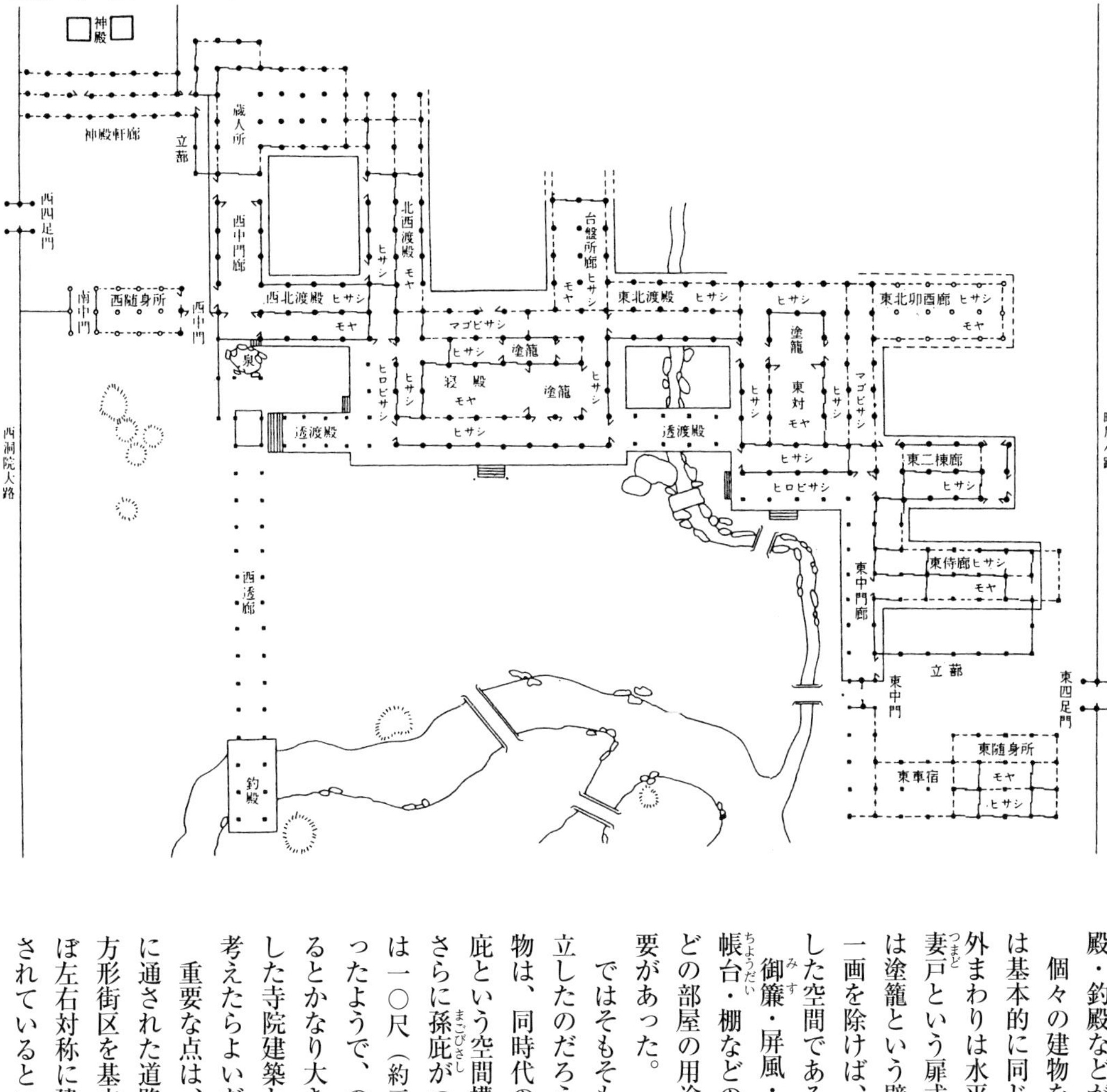

殿《どの》・釣殿《つりどの》などが設けられる。

個々の建物をみると寝殿、対屋などは基本的に同じ母屋《もや》と庇《ひさし》による構成で、外まわりは水平軸で跳ね上げる蔀戸《しとみど》や妻戸《つまど》という扉式の建具が入るが、内部は塗籠という壁で仕切られた閉鎖的な一画を除けば、間仕切のないがらんとした空間である。御簾《みす》・屏風・几帳《きちょう》・衝立《ついたて》、畳・円座・帳台《ちょうだい》・棚などの家具調度類で、儀式などの部屋の用途に応じて室礼《しつらい》を行う必要があった。

ではそもそも寝殿造はどのように成立したのだろうか。寝殿造の個々の建物は、同時代の寺院と同様に、母屋と庇という空間構成であり、庇の外側にさらに孫庇《まごびさし》がつくこともあった。柱間は一〇尺（約三メートル）が標準であったようで、のちの時代の住宅からみるとかなり大きかった。中国から伝来した寺院建築と同じようなスケールと考えたらよいだろう。

重要な点は、平安京という碁盤目《ごばんめ》状に通された道路によって区切られた正方形街区を基本とする敷地であり、ほぼ左右対称に建物が南の庭を囲んで配されているということと、個々の建物はそのままでは人間が住めるようなものではないということである。板敷きの床と柱列だけしかない閑散とした場所を、家具調度を並べる鋪設《しつらい》を行って人間が住めるようにしていたのである。

なぜこのような寝殿造の形式が平安貴族の住宅として採用されたのか。いくつか考えられていることは、奈良時代以来の古代の豪族居館の系譜を引いているのであり、本来田舎に建てられていた住宅形式を平安京という都市の敷地の中にもちこんだということが基本にはあるだろう。

さらに当時の中国で一般的であった「四合院《しごういん》」という、庭を四つの建物が左右対称に取り囲む住宅形式の影響を受けていたこともあるだろう。

平安京における藤原氏を中心とする貴族の役割は、本来は儀式ないし儀礼を行うことであった。それが第一の目的の建物なのであり、中で人が生活できるように建てられたものではなかった。そのような建物形式を貴族たちは、徐々に住宅として住みこなすという努力を積み重ねていった結果として、寝殿造という住宅様式が成立していったのだと考えることができる。

寝殿造から書院造《しょいんづくり》へ

平安貴族の住宅形式として普及した寝殿造であるが、中世を通じて徐々に変化し、最終的には近世初頭に書院造という住宅形式が生まれる。

書院造とは完成された形としては江戸時代の武士の邸宅で示すことができる。

築地塀や板塀で囲われた敷地の一端に開かれた門を入ると、玄関と呼ばれる主屋の正式の出入り口がある。主屋を中心に数棟の建物が複合的に配置され、建物内部は襖《ふすま》・明り障子で仕切られ、畳を敷き詰め、天井を張った部屋に分けられる。

客を招き入れるための表向きの場所と、台所やそれに付随する日常生活の内向きの場所とが明確に分離され、表向きの中心は、縁側《えんがわ》を介して前栽《せんざい》のある庭に面し、床の間、違い棚、付書院《つけしょいん》などの座敷《ざしき》飾りを備えた座敷と呼ばれる主室である。いわゆる和風住宅のもとはこの書院造であり、床の間と畳の部屋に象徴される和風の生活様式も、実はこの書院造とともに成立し、やがて普及するにいたったということである。

建築技術の発展
——蔀戸《しとみど》から舞良戸《まいらど》へ

建物外まわりに蔀戸《しとみど》という水平軸によってはね上げる建具を設けるだけで、内部には建具による間仕切がなく、必要に応じて家具調度で生活の場を作る鋪設《しつらい》をしていた寝殿造に対して、書院造では外まわりには舞良戸《まいらど》という引き違いの引戸《ひきど》（遣戸《やりど》ともいう）を入れ、内部も引き違い戸の襖によって部屋を区切るようになった。

これは、一つには住宅の中で行われる儀式や生活様式の変化から、建物内部を部屋に分けて使う必要が生じるようになったためである。そして今一つの説明は、建築を中心とする各種技術

『類聚雑要抄』と東三条殿

column

現存せず、考古学発掘で確認されてもいない東三条殿の平面が、復元平面図に示したように具体的に復元できるのは、『類聚雑要抄《るいじゆうざつようしよう》』に柱位置まで含めた詳細な平面配置の指図《さしず》があるからである。

原本は平安時代後期に編纂された儀式の際の宴席や家具調度と、その鋪設《しつらい》などについて記録した有職《ゆうそく》故実《こじつ》の書であり、これをもとに江戸時代の元禄《げんろく》期に三次元的に図化して着色した「指図巻」が作成された。写本がいくつか伝わっており、江戸時代の復元ではあるが、鋪設の雰囲気をうかがうことができる。

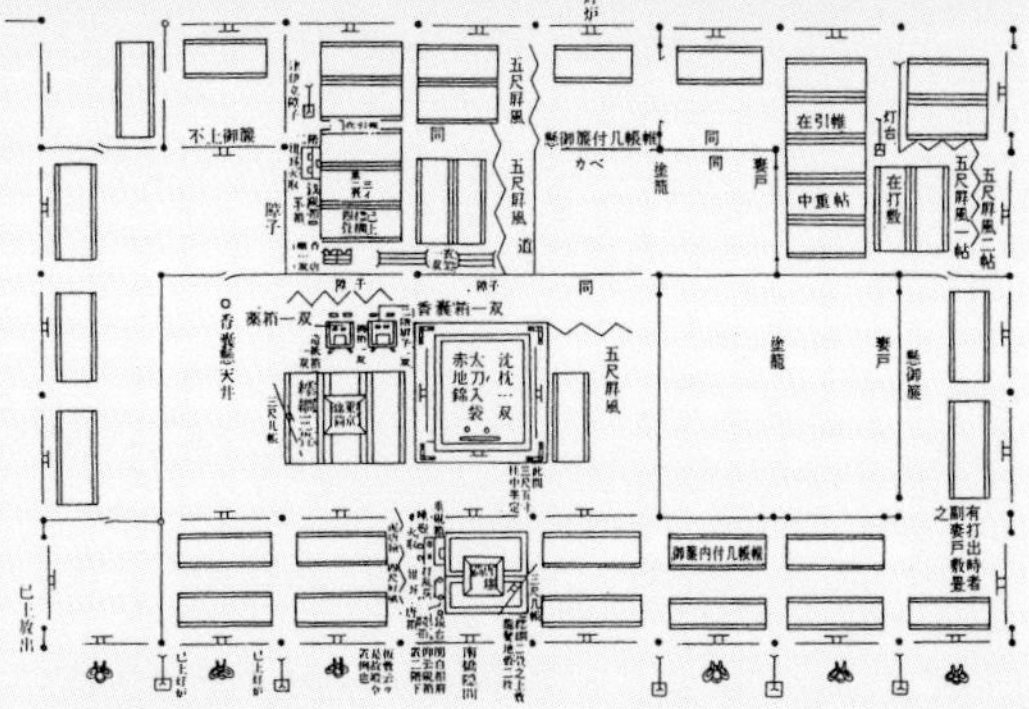

『類聚雑要抄』図面。
（日本建築学会編『日本建築史図集』より）

『類聚雑要抄指図巻』（国立歴史民俗博物館蔵）

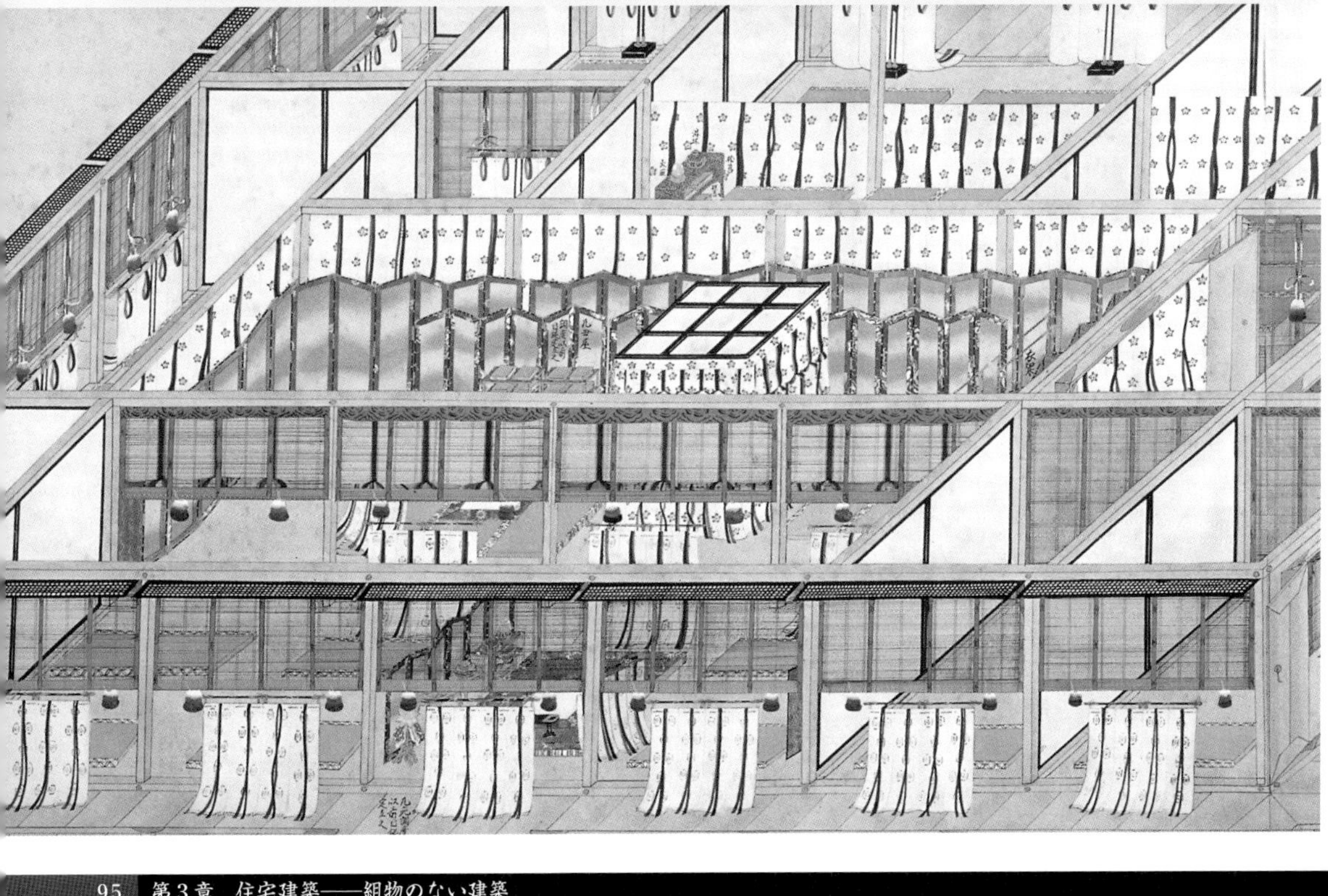

「押板」の飾り方。「君台観左右帖記」(国立歴史民俗博物館蔵)

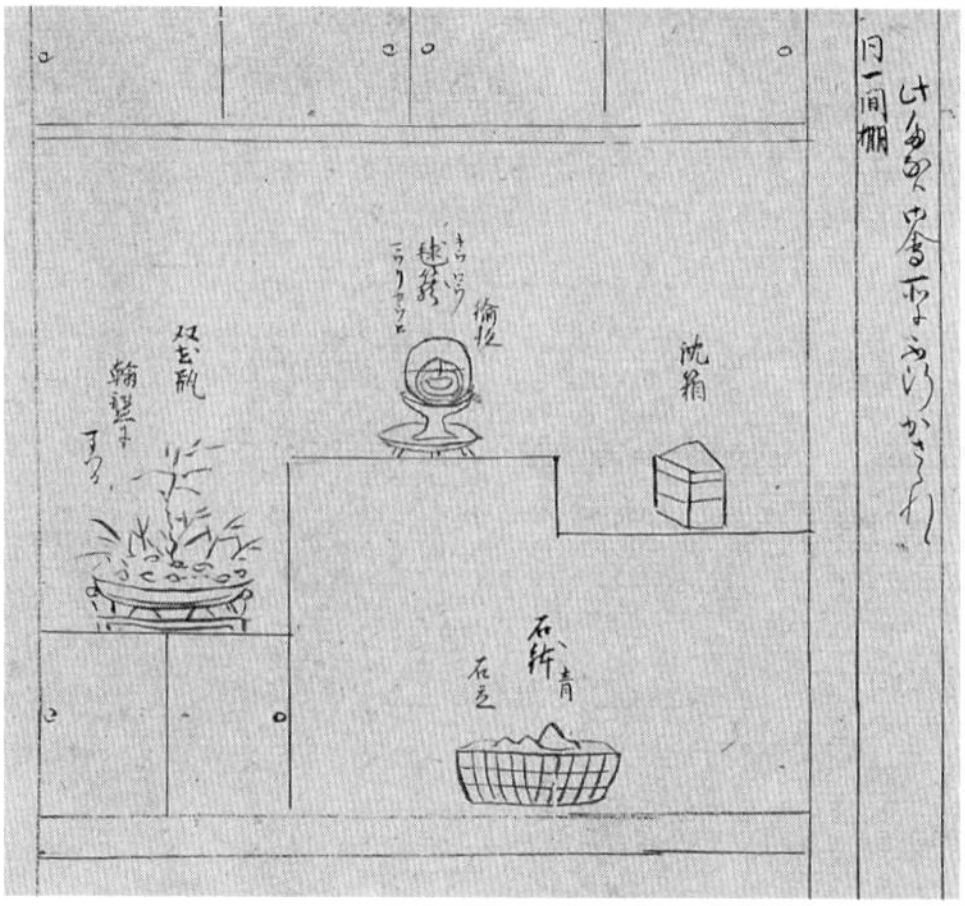

「違い棚」の飾り方。「君台観左右帖記」(国立歴史民俗博物館蔵)

平安京右京の発掘と寝殿造

column

『類聚雑要抄』を中心とする有職故実書や、記録、絵巻物などから復元的に考察している寝殿造であるが、実際の建物としてはまったく残っていないし、平安京のあった場所の考古学発掘によってもその存在の確認はなかなかむずかしい。

というのは、平安京はその後長く歴史の舞台になってしまい、戦乱などで建物が消滅して残っていないのはもちろんのこと、建て替えがさかんに行われた関係で地下にいい状態で遺構が残されていないことがある。また都市化が進んで土地が細分化されたために、まとまった場所の発掘の機会が少ないことも確認がむずかしい要因である。

ただ794年の遷都以後急速におとろえてさびれたとされる平安京右京の地は、比較的都市化が及んでいない時期が長かったので、平安京初期のものに限られるのであるが、発掘で平安京の良好な遺跡が確認できる可能性がある。

実際に、右京の発掘で寝殿造らしい建物がいくつか確認されている。図に出したのはその一例であるが、掘立柱建物による左右対称に構成された住宅らしい遺構が確認されている。他にも数例確認されているのであるが、いずれも建物配置や、左右対称の構成など似た部分があるのであるが、全体として寝殿造風の住宅構成になる遺構はまだ確認されてはいない。寝殿造は理念型なのであって、実際にはなかったのだという説もうっかりすると成り立つ状況ではある。

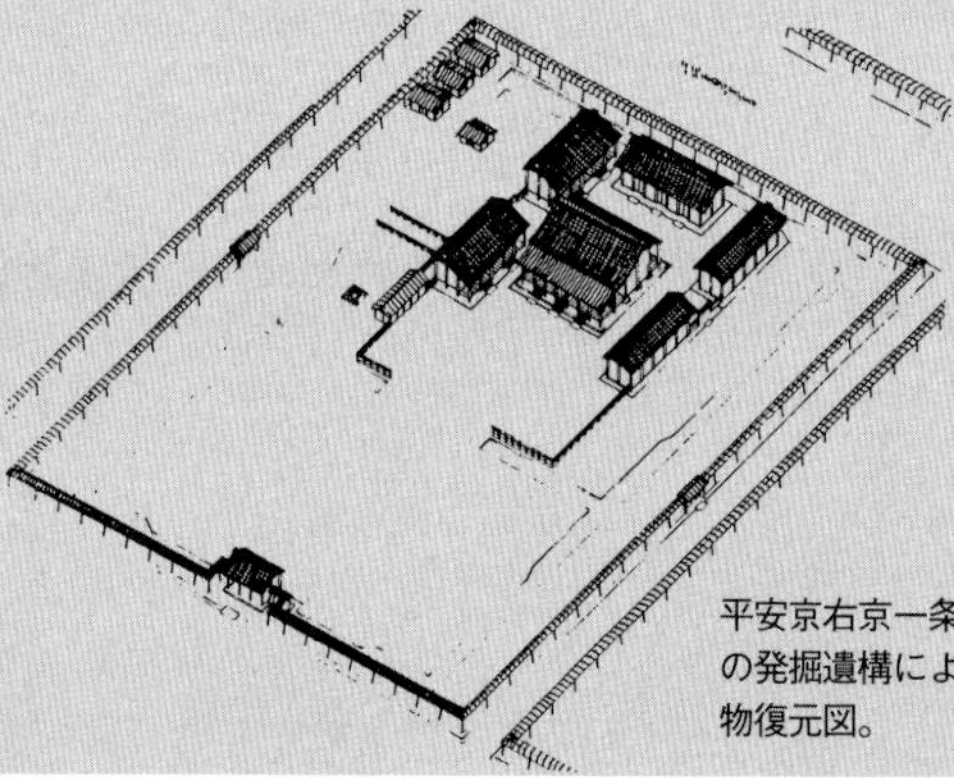

平安京右京一条三坊の発掘遺構による建物復元図。

の進歩・発展である。

　まず、建築構造の進歩により、太い丸柱を規則正しく立てて、中心に母屋、そのまわりに庇があるという形をわざわざとる必要がなくなって自由な間仕切が可能となった。

　一方、木工具の発達により、細かい部材を組み合わせてつくる引戸の建具《たてぐ》というものが出現した。また、各地で紙の生産が発展したことにより明り障子が多く使われるようになった。丸柱《まるばしら》に代わって、角柱《かくばしら》が用いられるようになったのも、こうした建具の変化により、角柱のほうがおさまりがよくなったことが大きい。ともかく中世を通じての建築技術ないし構造の大きな転換が、寝殿造から書院造へという住宅変化の前提となる。

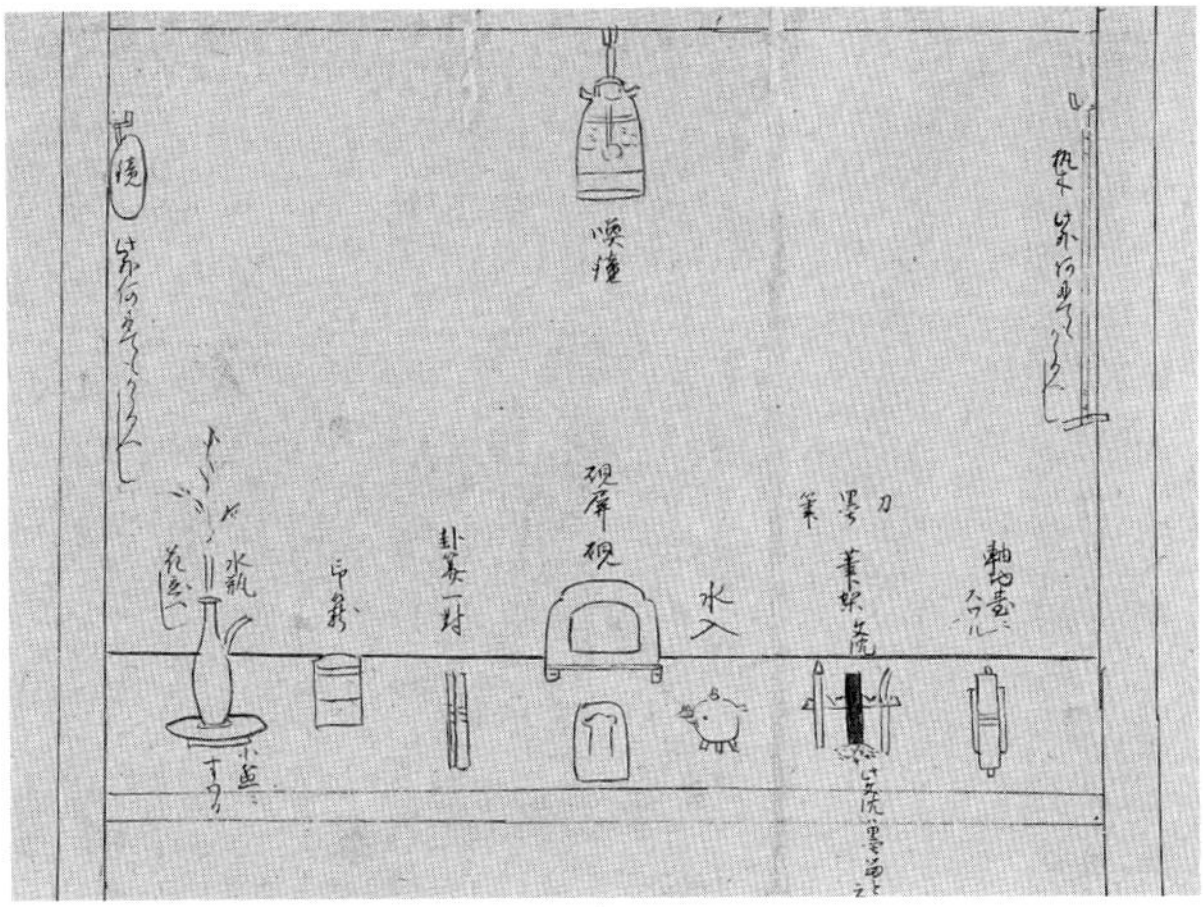

「付書院」の飾り方。「君台観左右帖記」(国立歴史民俗博物館蔵)

座敷飾りの成立
——付書院・床の間・違い棚・帳台構え

　書院造のもっとも重要な要素である座《ざ》敷飾《しきかざ》りを構成する、「付書院《つけしょいん》」・「床の間」・「違い棚」・「帳台構え《ちょうだいがまえ》」は、いずれもその起源を寝殿造の中に求めることができる。

「付書院」は、移動できる机が建築に固定されたもので、絵巻物に描かれた寺院の中に典型的に見られる出文机《だしふづくえ》がその原形である。鎌倉時代の『法然上人絵伝』によれば、部屋の一画を縁側に突きだして、小さい装飾的な屋根を

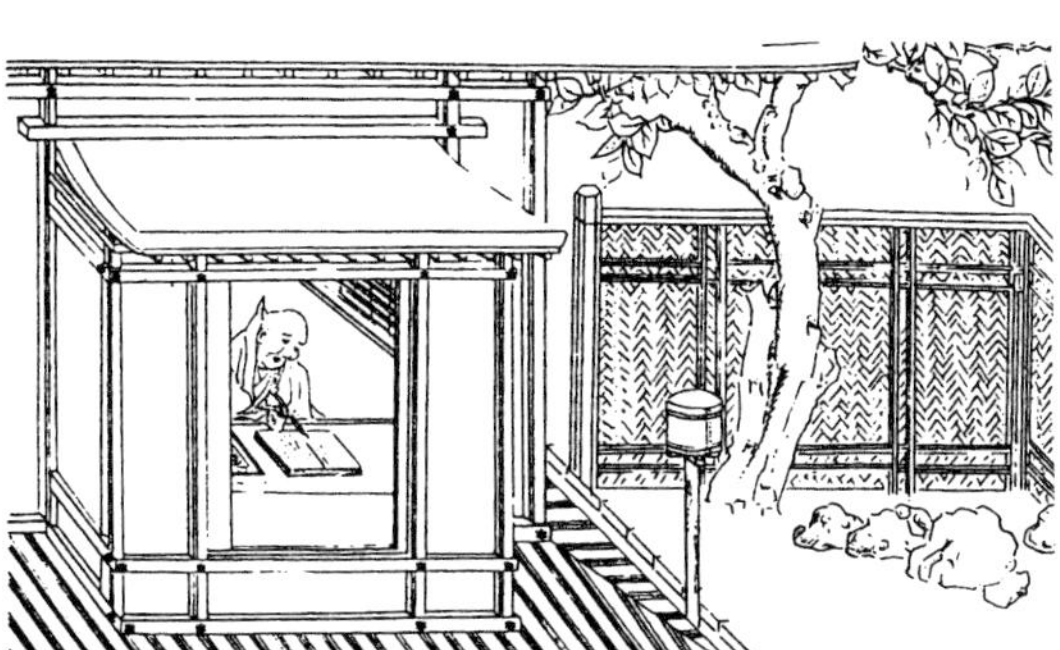

出文机。「付書院」の原型。
(日本建築学会編『日本建築史図集』より)

押板。「床の間」の原型。
(日本建築学会編『日本建築史図集』より)

（写真提供・京都市文化市民局元離宮二条城事務所）

架け、正面中央に明り障子を入れて、つくりつけの机を設えている。

　僧坊の書院がやがて室町時代になると武家住宅に取りいれられるようになり、名称も、出文机から部屋名と同じ「書院」へと変わる。その結果、もともとは読書したり、ものを書いたりと、実用に使われていたものが、ものを飾る場所へと変化した。しかし飾るものは、あくまでも書斎的な、硯《すずり》や硯屏《けんびょう》、筆、墨、印籠《いんろう》などで、唐物《からもの》が珍重された。

「床の間」の原形である押板《おしいた》は、本来は、寝殿造の中で、掛軸《かけじく》になった絵画を壁に掛けた前に置かれた板、ないし机のことで、絵画を鑑賞するための施設であった。

　南北朝時代の押板は壁に軸をかけたとき、前において香炉や花瓶を飾る台で、机のような形のもので、やがてこれが室町時代になると軸や工芸品を飾るための常設の場所が必要となったため、つくりつけになる。

　一方、この時期は茶《ちゃ》の湯《ゆ》がさかんになり、とくに上級武士のあいだでは重要な社交手段となった。このため茶室にも貴人席である上段《じょうだん》が設けられ、そこには押板もついていた。

　しかし利休《りきゅう》が民衆文化に根ざした草《そう》庵《あん》茶を創設し、その結果、茶室内での階級差がなくなり、押板は上段に吸収された。上段も貴人席ではなくなり、トコと呼ばれる軸や花を飾るだけの場所となった。デザイン的には土壁や面皮柱が用いられるようになって、大きく変わり、デザインも手直しされて、現在のような床の間となった。

「違い棚」は寝殿造の中におかれた棚や厨子《ずし》が変化したもので、これは本来は香炉や花瓶などの工芸品を飾るための場所であった。

　寝殿造の貴人の座の背後にあって、もともとは左右対称だった棚の構成が、鎌倉時代に入ると左右非対称の違い棚となり、さらに室町時代には建物につくりつけとなった。

「帳台構え」も寝殿造の中のベッドであった帳台がその原型とみてよい。これらはいずれも、本来は建築に固定されていなかったものが、書院造の様式が形成される過程で建築につくりつけになったものである。

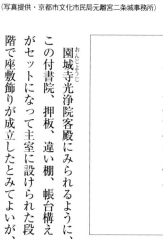

豪華な書院造の成立

　園城寺《おんじょうじ》光浄院客殿にみられるように、この付書院、押板、違い棚、帳台構えがセットになって主室に設けられた段階で座敷飾りが成立したとみてよいが、

二条城二の丸御殿大広間。金箔の障壁画や豪華な飾金具で飾られた将軍上洛の際の公式の謁見所。

注目されるのは、ここにはすでに空間の格式表現というものが形成されていたことである。この点に着目したのが、近世の統一権力者たちである。

書院造が武士住宅の典型とされるようになったのは、戦国の世を統一に導いた織田《おだ》信長《のぶなが》、豊臣秀吉《とよとみひでよし》、そして徳川《とくがわ》家康《いえやす》という権力者によるところが大きい。なかでも秀吉の果たした役割は大きかった。秀吉は、大坂城の御殿、すなわち広間にその場を求めた。

信長や家康にくらべても出自が決して高くはなかった秀吉にとって、全国の大名を統治するためには、何としても対面のような身分を確認するための儀式が必要であり、そのための格好の舞台装置として書院造を選んだのである。

中世を通じて行われてきた住宅の変化を集大成した近世の書院造であるが、この段階にきて、大きくその質が転換したのである。西本願寺《にしほんがんじ》御殿《ごてん》や、二《に》条城《じょうじょう》二の丸御殿に典型的に見られる豪華絢爛な書院造とは、近世統一権力を権威づける舞台装置としてみて、はじめてその様式と表現形式の意味が理解できるはずである。

金閣《きんかく》と銀閣《ぎんかく》

column

京都の観光名所として知られる金閣と銀閣は、正式には鹿苑寺金閣《ろくおんじきんかく》と慈照寺銀閣《じしょうじぎんかく》と呼ばれている。

北山の金閣は室町幕府三代将軍足利義満《あしかがよしみつ》が1397年（応永4）から造営した山荘北山殿《きたやまどの》が、彼の死後鹿苑寺となった場にあった。他の多くの殿舎は戦火などで失われ、舎利殿《しゃりでん》であった1398年竣工の金閣のみが残っていたが、1950年（昭和25）焼失、現在の建物は1955年再建である。西芳寺《さいほうじ》の瑠璃閣を模したといわれ、初層は住宅風、２層は和様仏堂風で、最上層が禅宗様仏堂で２層と３層には金箔を貼っていたらしい。庭園建築であると同時に上層から園内を眺望することもできた。当時の建築の使われ方からすると、中国風の家具調度や唐物を並べたてた遊興・社交の場として使われたと思われる。

一方の銀閣の東山殿《ひがしやまどの》は８代将軍義政《よしまさ》が1482年（文明14）に着工、1490年の彼の死までに完成しなかった。1489年上棟の観音殿が銀閣で、金閣を模したものであろう。銀閣という名称は金閣に対してつけられたもので銀を貼った形跡はない。

京都における南北朝と室町時代を代表する庭園建築であり、この間の時代の推移をうかがわせてくれる建築である。

慈照寺銀閣。

鹿苑寺金閣。

慈照寺東求堂《とうぐどう》と園城寺《おんじょうじ》光浄院《こうじょういん》客殿

column

座敷飾りの成立を知るための重要な建築遺構として慈照寺東求堂《じしょうじとうぐどう》と園城寺《おんじょうじ》光浄院客殿がある。

足利義政《よしまさ》が隠退後、1482年（文明14）に造営着手した東山殿《ひがしやまどの》は、その後の戦乱などでほとんどの建物は失われてしまったが、観音殿が慈照寺銀閣として残り、持仏堂《じぶつどう》が慈照寺東求堂として残されている。

東求堂正面の仏間側からみて右手奥の四畳半の部屋が義政の書斎同仁斎《どうじんさい》で、室内正面右手に間口一間の書院、左手に半間の違い棚があり、硯箱や手箱など唐物の文房具などが飾られていた。

床の間はなく、座敷飾りとしての定型はまだできていない。ところが、桃山時代の1601年（慶長6）園城寺光浄院客殿になると、押板（床の間）の右手に違い棚、左手に書院という座敷飾りの定型が成立していて、以後この定型化した座敷飾りが書院造という武家住宅で一般化することになる。

東求堂同仁斎。畳を敷きつめ、天井をはり、明障子を入れているところは書院造である。

園城寺光浄院客殿。書院造座敷飾りの典型とされている。
（写真提供・園城寺）

慈照寺東求堂の外観。正面が仏間である。

3 草庵風茶室と数寄屋風書院造

寝殿造から書院造へという支配層の住宅史の大きな流れとは別で、被支配者層、つまり一般庶民の側の住宅をめぐる動きとして草庵風茶室の成立と、その影響下に成立した数寄屋風《すきやふう》書院造の成立がある。

茶《ちゃ》の湯《ゆ》と草庵風茶室《そうあんふうちゃしつ》

茶の湯のための建築施設を茶室と呼んでいる。茶を飲むための機能を満たす建築でさえあれば茶室といってよいが、実際には、中世の一五世紀に村田《むらた》珠光《じゅこう》によって始められ、武野紹鷗《たけのじょうおう》に受け継がれ、最終的に一六世紀末に千利《せんのり》休《きゅう》によって大成されたとされる侘茶《わびちゃ》に対応した独自の建築形式を茶室ということが多い。

したがって、侘茶という茶の湯の思想的内容、そしてその形成過程と、茶室という建築形式は密接な関係にある。武野紹鴎、千利休ら茶人たちが考えていた茶の湯の内容を知るためには、彼らが書き残した文字や、各種の記録・伝承などが重要であることはいうまでもないが、茶室という建築そのものも、貴重な手がかりということになるだろう。

利休《りきゅう》の妙喜庵待庵《みょうきあんたいあん》

一五八二年（天正一〇）頃の創建とされる現存最古の茶室である妙喜庵待庵は、京都郊外の山崎にある。利休好み、すなわち千利休がつくったとされる茶室は数多くあるものの、利休が実際に関与していることがほぼ確実なのは、この妙喜庵待庵だけである。

平面図に示したように、広さはわずか畳二畳敷で、次の間一畳が付設されている。隅に炉（隅炉《すみろ》）を切り、次の間境には襖を建て込んでいるが、客の

■妙喜庵待庵平面図

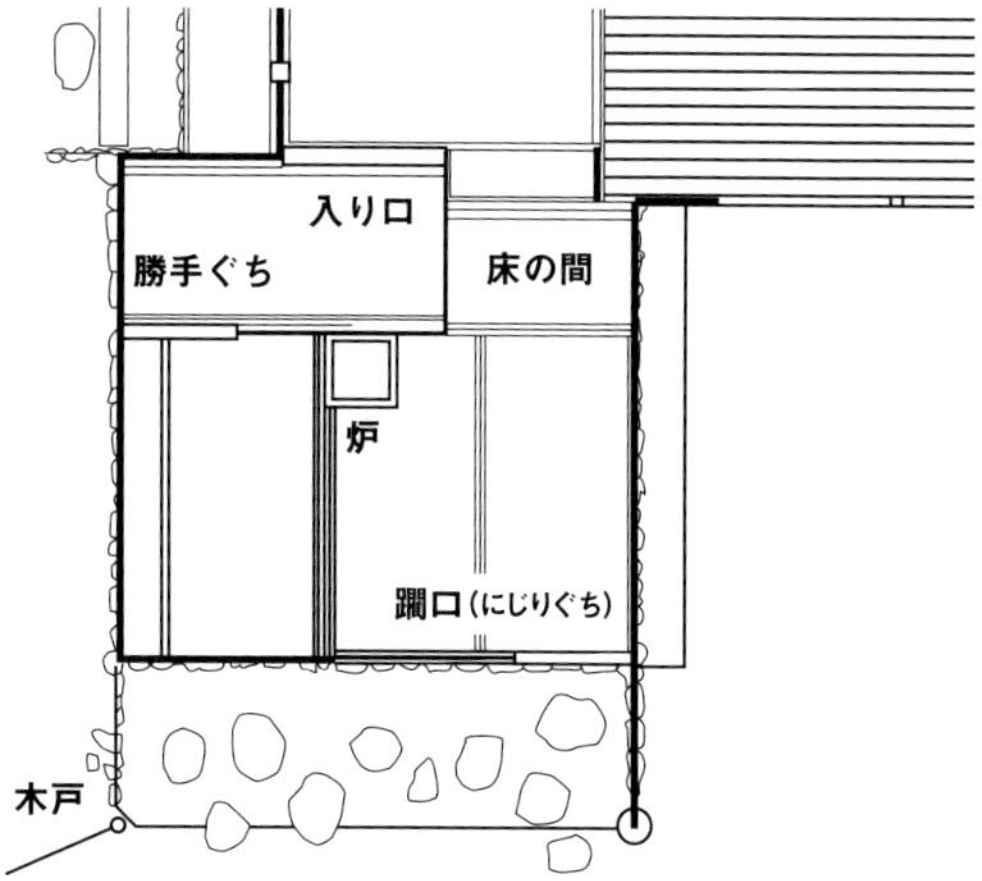

出入口は躙口《にじりぐち》という幅二尺三寸六分、高さ二尺六寸のごく小さな口で、頭を下げてくぐるようにしてしか入れない。

写真にみるように、部屋は土壁《つちかべ》で囲われ、床の間も洞床《ほらどこ》といって、土壁で隅と天井を塗り回して柱が見えないようにしている。長押はなく、壁には窓を開けて明り障子を入れ、低い天井は化粧屋根裏といって、屋根の形態を内部に現している。柱には面皮柱《めんかわばしら》という皮付きの丸太を用い、床框《とこがまち》も丸太材である。天井には竹や木の皮が使われており、外観も柿葺《こけらぶき》屋根の素朴な形式である。

このような茶室は、草庵風茶室と呼ばれており、茶人たちが、当時の一般民衆の住宅、すなわち民家で用いられていた建築手法を取り入れたのだと考えられている。

当時の、支配者層の住宅形式である書院造は、土壁を用いないで紙をはった張付け壁を用い、柱は漆塗りの角柱で長押を回し、天井も平らな格天井《ごうてんじょう》で、その作り方はあきらかに異なっている。

なぜ、茶室がこのように草庵風になったのかについては、侘茶の世界を構

躙口の起源はどこにあるか

column

躙口《にじりぐち》が小さく、身をかがめて入らなければならない、ということについていろいろと説明が行われる。茶室という外部と遮断された空間に入るためには、その狭さを和らげるために広い外界の空間体験をいったん切るために必要である、という心理学を動員した説明が説得力がある。

結果としてはそれでいいのだが、やはりその特異な形態が興味をひくためか、その起源についていろいろと説がある。利休と秀吉の緊張した関係を背景に、亭主としての利休が、客としての秀吉に頭を下げさせるための策謀であるという説はよく知られている。

建築に即した説としては、当時日本に来航していた南蛮船《なんばんせん》のハッチ入り口がモデルというのもある。さらに有力な説として、当時の朝鮮半島の民家の出入り口がモデルになっているというもので、秀吉の侵略戦争に同行した茶人がその場所でみた民家建物にヒントを得たという。

実際に韓国にはよく似た入り口は存在しているようで、実証できたという人もいる。ただこれも少し考えておく必要がある。というのは、当時の日本列島と朝鮮半島の民家は共通の世界を構成していたはずで、朝鮮半島にあったなら日本にもあった。わざわざ朝鮮半島からもってくる必要はないということがある。民家も含めた建築世界が大きく日本と韓国、中国のあいだで違う方向に向かって動くのは、日本でいう近世に入ってからあとのことなのである。

妙喜庵待庵。土壁で囲われた室内に床の間の飾りが映える。（写真提供・便利堂）

築するためには、独立した閉鎖的な狭い空間をつくりあげる必要がまずあったと考えられる。規模の大きい建築をつくるための書院造ではなく、より自由な民家の手法が積極的に採用されたということになるだろう。

利休の茶室の特質

注目しなければならないのは、妙喜庵待庵では、草庵風の意匠を最大限に用いて、二畳という最小限の正方形の部屋の中に全体としては非常に洗練された、緊張感のある空間をつくりあげているということである。利休のめざしたものが何であったのかを考える重要な手がかりはここにある。

まず第一は、のちの茶室にみられる中柱《なかばしら》・大目構えのような茶室内の動きを規制する特別な道具建てを用いることなく、純粋の空間のみによる茶室をめざしたということが考えられるだろう。二畳という方向性を見出しにくい正方形平面にこだわったのも、このことと無関係ではない。

もう一点は、世俗の身分秩序を茶室の中に入れないということで、書院造の要素を排除して草庵風にこだわったことも、のちの時代の茶室との決定的な違いである。

これらのことから利休は、茶室という周囲の世界からは隔絶された小宇宙の中で、主人と客が、世俗的な身分秩序を排して対座し、ただ茶を飲むということをめざしたということになる。

桂離宮《かつらりきゅう》の建築構成と成立過程

桂離宮《かつらりきゅう》は、京都南西郊外の桂川のほとりに八条宮家の別荘として建てられた。平安時代以来、この桂の地は名高い景勝の地として知られていた。

現在、約七万平方メートルのかなり広大な屋敷地は、周囲を竹藪、雑木林と農地に囲われており、中央部に大小三つの中島のある複雑な形の池を中心とする庭園があり、各種の建築群が良好な状態で宮内庁により維持管理されている。

建築の中心は、池の西の平坦部に古書院、中書院、楽器の間、新御殿の順で雁行《がんこう》する御殿群である。いずれも高床式の建物で、池側から見ると、深い軒の下に、すっきりとした柱と、障子戸、板戸、白い漆喰壁が調和し、古書院正面に大きな妻をみせた屋根と、中書院、新御殿の柿葺のゆるい起りをつけた屋根が連なっていて、連続性がありながら変化のある御殿外観の見せ場となっている。

池の周囲には古書院の北に月波《げっぱ》楼《ろう》、池の東に相対して松琴亭《しょうきんてい》、南の端に笑《しょう》意軒《いけん》とそれぞれ名づけられた茶屋が配され、山を築いた中島には峠の茶屋としての賞花亭《しょうかてい》があり、麓には持仏堂である園林堂《えんりんどう》がある。この他にも亭や石灯籠など各種の庭園施設が適当な距離をおいて配され、しかも築山や植栽によって相互に見通せないように巧みな趣向がこらされている。

造営は八条宮初代智仁《としひと》親王によって

一六一五年（元和元）頃に始められ、一六二四年（寛永元）頃までに古書院が建てられた。智仁親王の没後、二代智忠《としただ》親王の代になった一六四一年（寛永一八）から一六四九年（慶安二）頃までに、中書院の増築とそれにともなう古書院との取合の部分の改造、および西側付属施設の建築が行われ、別荘としての形が完成した。

その後、一六六三年（寛文三）の御《ご》水尾《みずのお》上皇の御幸《ぎょうこう》のために、楽器の間と新御殿の増築と古書院・中書院の一部改造と台所等の付属施設の増設が行われた。つまり、一時期にできあがったものではなく、八条宮初代智仁親王、二代智忠親王の父子二代のもとで時間

ブルーノ・タウトと桂離宮

column

1933年（昭和8）に来日したドイツの建築家　ブルーノ・タウトの『日本美の再発見』によれば、日光東照宮が建築の名に値しない「いかもの」であるのに対して、桂離宮は古今東西を通じて最高の建築とされている。

このような桂離宮に対する見方は、装飾を否定しようとする近代建築家たちによって過大に取り上げられている。というか、むしろ計画的にタウトの言動を引き出して利用した節もある。

当時の近代建築につながる考え方が押しつぶされそうな風潮の中での抵抗としては十分理解できるだろう。そのためか、このような桂離宮賛美は現在にいたるまで影響を及ぼしている。建築として別格なのである。とくに建築を学ぶ西洋建築ないし西洋近代に範を求める建築教育では今でも大きな力をもっているかもしれない。ただ現象としては似ていたとしても桂離宮の基礎になっているのは近代建築ではない。建築史としての歴史に即した見解が求められている。

桂離宮。右から古書院、中書院、新御殿。建てられた時代による微妙な意匠の違いがみられる。（写真提供・宮内庁京都事務所）

をかけて、増築・改築を繰り返すことによって成立してきたということになる。

桂離宮の様式
――数寄屋風《すきやふう》書院造

桂離宮の古書院、中書院、新御殿などの中心部分の建築の様式を、数寄屋風書院造と呼んでいる。書院造とは、近世武士の住宅様式で、数寄屋とは茶室のことであるから、数寄屋風書院造とは、茶室の要素を加味した書院造ということになる。襖や障子で区切られた畳敷の部屋が並ぶ平面構成は書院造と基本的に変わらないので、違いは主として内部の意匠に求められる。たんに数寄屋造とも呼ばれる数寄屋風書院造の意匠上の特徴は、以下のようになるだろう。

①柱に丸太や面皮柱《めんかわばしら》という皮付きの材を用い、長押《なげし》は省略するか、もしあ

っても半丸太や面皮を用いる。

②壁は土壁が基本で、書院造のような張り付け壁を用いても障壁画は描かない。

③床の間、違い棚、書院の配置に必ずしも定型がない。

④違い棚、欄間、釘隠し、襖の引手などに多彩なデザインを用い、建築用材にも多種多様なものを用いる。

つまり、身分格式を表現する舞台装置となっていた書院造に、茶室の自由軽妙ないし簡素な要素をもちこむことによって大きく変質させた建築ということになるだろう。

桂離宮と日本の建築文化

桂離宮の建築史上の位置から考えようとする場合には、数寄屋風書院造としての成り立ちを考える必要があるだろう。

すなわち、古代の寝殿造を出発点にしながら中世を通じて武士文化として確立した書院造という住宅様式が基礎にある。しかも民衆の住宅である民家を、利休を代表とする茶人たちが昇華させた草庵風茶室の影響が大きく加わっているということ。しかも、これらを近世初頭に、八条宮という王朝貴族の系譜をひく趣味人が、京近郊の桂という景勝の地を得て二代という時間をかけて結実させたということである。

つまり、王朝貴族、中世武士、そして民衆のそれぞれがもっていた日本の伝統文化の要素を、微妙な緊張関係を保ちながらも、巧みに取り入れて構成されているのが桂離宮ということになるだろう。現在われわれが、桂離宮に代表される数寄屋風書院造の表現に共感をもち、和風住宅様式として受け継いでいるのも、このような歴史的・文化的背景ぬきには考えられないのではないだろうか。

松本城天守。元和初年頃建設の五重六階の大天守。雪景色。

4 城郭と土蔵

城郭《じょうかく》と土蔵《どぞう》という一見別の建築を並べたのはもちろん意味がある。近世初頭の日本建築を代表する城郭に対して、近世の土蔵はごくありふれた耐火建築として知られている。実際には江戸時代というよりは明治以降になって普及した形式で、関東一円の川越《かわごえ》や佐原《さわら》で町並を構成している土蔵造がよく知られている。これらの土蔵造は、江戸の土蔵を模しているという伝承があり、関東では一八世紀末頃までさかのぼるものがある。

　これらの土蔵は、もちろん木造建築でありながら、木部を外に出さないで土壁で塗り込めてしまう構造で、耐火性を高めているのであるが、この技術は戦闘施設である近世城郭建築で用いられた建築技術と近いと考えられる。だが両者の成立過程の関係についてはよくわかっていない。

　本来は土蔵と同じ意味であるはずの土倉《どそう》という言葉が、中世の金融業者の代名詞になっていうことでもわかるように、中世段階で土蔵にあたるものはあったにちがいない。しかしこの土倉が建築的にどのようなものであったのかは、文献や絵画、そして発掘遺構など

江戸日本橋の土蔵造。江戸中心部表通りには土蔵造の町家が並んだ。

からもわかっていない。ここでは城郭と土蔵の関係について少しだけ触れてみたい。

近世の城郭建築
――天守の成立

日本の城というと、高く築かれた石垣上に白亜《はくあ》の天守《てんしゅ》がそびえ立つ、姫路《ひめじ》城がよく知られている。白鷺《しらさぎ》城とも呼ばれているこの城は、一六〇〇年（慶長五）の関ヶ原《せきがはら》の戦功によって城主となった池田輝政が一六〇九年（慶長一四）頃に完成したものである。

本丸《ほんまる》を中心に二の丸、三の丸、西の丸を造成し、大天守・小天守の他に櫓《やぐら》、渡り櫓、櫓門、土塀《どべい》などの各種建築群を、土地の起伏に合わせて築いた石垣上に巧みに配している。

往時の建築構成全体の妙をうかがうことができることも重要であるが、何といっても近世城郭であるこの姫路城の外観を印象的にしているのは、やはり天守の存在であろう。

天守（天主とも殿主とも書かれていたが近世には天守に統一される）とは天守閣《てんしゅかく》とも呼ばれる城郭の中心となる櫓のことであり、通常外から見える屋根を何重と数え、内部の床で何階と数えている。

姫路城の場合は、五重六階地下一階の大天守と、西・乾・東の小天守とを渡り櫓でつなぐ、連立天守形式と呼ばれる。もっとも発達した天守形式である。天守群はいずれも外壁を白漆喰《しろしっくい》で塗籠《ぬりこ》め、屋根には先のとがった千鳥破《ちどりは》風《ふ》、反転曲線による丸い唐破風《からはふ》を設けた近世城郭の完成された外観を見せている。

天守の成立過程
――中世山城と居館

ではこのような天守はどのようにして成立したのであろうか。中世の城はその多くが自然の山の地形を利用した山城であった。城郭を構成する山上の曲輪《くるわ》には、多くの場合、常設の建築はなく、城主が平時に住む居館《きょかん》は山麓にあったとみてよいだろう。

戦国時代が終わりに近づくとともに、城郭は戦闘のための施設から、領国《りょうごく》支配の拠点としての性格を強めることになり、政治的・経済的支配に有利な平野部におり、平山城《ひらやまじろ》ないし平城《ひらじろ》となる。

この過程で、城主の居館と、戦闘施設としての望楼《ぼうろう》ないし矢倉《やぐら》が、一つの建物に合体するのが近世城郭の天守の

姫路城大天守。白亜の外観は日本の城郭建築の代表となっている。

成立過程であろう。

これは、現存天守としては年代の古い例である、福井県の丸岡《まるおか》城天守、愛知県の犬山《いぬやま》城天守などが、いずれも通常の単層ないし二層の建物の大屋根の上に、小さい望楼をのせただけの望楼型天守と呼ばれる形態をとっていることが一つの理由である。この間の具体的な経過は必ずしも十分あきらかではないが、織田《おだ》信長《のぶなが》による安土《あづち》城天主によって、近世城郭の天主は大きく転換することになる。

安土城天主と大坂城天守

一五七五年（天正三）の長篠《ながしの》の戦いによって甲斐《かい》武田《たけだ》氏を打ち破った信長は、翌年に近江国《おうみのくに》安土に築城を開始した。

近江は東海道、中山道《なかせんどう》、北国街道《ほっこくかいどう》が合流する京都の東の入り口であり、安土城は琵琶湖の入江に半島状に突き出た山上に位置し、軍事上のみならず、琵琶湖水運のうえでも要所を占めていた。

山全体に石垣で造成した多数の曲輪を配し、山麓の居館と山上の城といった区別はなく、すべては山頂の城にまとめられた。

中央にそびえる天主は屋根が五重、内部は地下を入れて七階で、内部には狩野永徳《かのうえいとく》一門による絵画が描かれた。ただ残念ながら、一五八一年（天正九）に完成したこの天主は、翌一五八二年の本能寺《ほんのうじ》の変とそれに続く山崎の合戦の混乱により焼失した。

この安土城については、信長がつくらせた当時の記録や、キリスト教宣教師の報告、さらに遺跡、出土瓦などを総合的に判断することによりかなりの程度の復元が可能である。

宮上茂隆氏の詳細な研究によれば、安土城天主は八角形の天主台の内側に築いた高さ五尺の石垣の上に建ち、屋根は瓦葺《かわらぶき》で、軒瓦はすべて金箔《きんぱく》が用いられていた。

一階から三階までは御殿《ごてん》で、外壁は軒裏《のきうら》が白漆喰塗りで、腰は羽目《はめ》板張《いたば》りであった。五階は夢殿のような八角形平面で、柱等は朱漆《しゅうるし》塗りで、内部は仏画が描かれ、外に張り出した縁の下には中国皇帝のシンボルである龍と鯱《しゃち》が描かれていた。

最上階の六階は金閣の三階のような唐様仏堂タイプで、内部の壁天井はすべて金箔押し、壁には三皇五帝《さんこうごてい》などの儒教画が描かれ、外側の柱は金、板壁部分はすべて黒漆塗りであった。

宮上氏によれば、内部の絵画の題材のみではなく、建築的にみた形態もはなはだ中国的であるという。そもそも高台の上に高楼《こうろう》を置くという形式自体が古代以来の中国建築の伝統にのっとっているといってよく、中国文化の影響下にあった中世文化の継承を意識していた信長の中国趣味の表れとみてよいであろう。

信長の跡を継いで天下を統一した豊臣秀吉《とよとみひでよし》は、一五八三年（天正一一）、石山本願寺《いしやまほんがんじ》跡地に全体の規模としては安土城をしのぐ大坂《おおさか》城築城を開始する。もちろん大坂城にも天守は築かれるが、その規模は安土城に匹敵するものの、外観および内部の装飾は安土城ほどのものではなかった。

これは秀吉の場合、安土城をはるかに上回る規模の本丸御殿《ほんまるごてん》のほうに主眼があったためであり、信長が天主によって表現しようとした中世文化の伝統は秀吉には継承されなかった。

近世城郭の出現

ともかく、この安土城・大坂城の出現によって、城郭そのものは大きく転換することになる。山頂を削って曲輪とし、尾根を切って堀切《ほりきり》として、せいぜい土を盛った土塁《どるい》を築いていた中世山城の段階から、高く人工的に石垣を築いて落差のある曲輪を建設できるようになった。

城郭の出入り口である虎口《こぐち》には石垣による升形虎口が発達し、これも石垣の上部いっぱいに建てられるようになった櫓・塀などと一体になった防御機能は飛躍的に強力になった。城内の建築も恒久的なものになり、屋根には瓦が葺かれ、外壁は漆喰で塗籠《ぬりこ》められるようになる。

天守を中心とするその外観は単なる戦闘施設から、領国支配の象徴へと大きな転換を遂げることになる。寺院・神社建築や住宅建築にはまったくみられない、独自の表現形式をもつ近世城郭が出現した。このような建築技術は西国を中心に急速に全国に波及することになる。

一六一五年（元和元）、大坂夏の陣により豊臣氏は滅ぶ。幕府によって出された一国一城令《いっこくいちじょうれい》によって、城郭はきびしく規制され、天守建築の発展は事実上終わることになる。つまり、姫

天守の復元

column

全国各地の城下町で、天守閣の偉容に接した人は多いだろう。この天守閣を中心とする城郭建築は、訪れた観光客ばかりではなく、その町で生まれ育った住民にも「お城」として親しまれ愛着をもたれていることが多い。ただ、江戸時代に建てられた本来の城郭としての天守閣は、姫路城・松本城・彦根城など全国でも10棟余りにすぎず、現在みることのできる天守閣の大部分が「復元」されたものである。

復元といっても、たしかな資料に基づいた「復元天守」はむしろ少なく、確実な資料があるわけではないが、建っていたことはわかっているので建てたもの（「復興天守」と呼ばれている）があり、建っていたかどうかはわからないが（建っていなかったことが確実なものもある）、建ててしまったもの（「模擬天守」などと呼ばれる）もある。

これらは、本来の木造で建てられることはほとんどなく、大規模な建築に耐えられる鉄筋コンクリートや鉄骨構造を用いることが普通で、外観はともかく、実質的には本来あった城郭建築とはかけ離れたものになっている。もちろん、研究者や専門家だけではなく一般の人にもこのような事情は十分あきらかなはずなのであるが、実際には、観光客や住民にとってみればこれらはすべて同じく「復元天守」なのである。さらにいうならば、復元であろうとなかろうと、その天守閣は、かつて建っていたはずの「お城」そのものであると愛着をもって受け止められていることが多い。

大坂城復元天守閣。徳川時代の天守台に豊臣時代のデザインで建てられた。

大坂城復元天守閣。市民の寄付をもとに1930年（昭和5）に鉄筋コンクリートで復元された。

彦根城天守。

路城天守は、このような城郭発展の歴史からみると、近世城郭最盛期の姿を伝えているといってよいだろう。

土蔵と城郭建築

さてこのように近世初頭に頂点を迎えた城郭建築ではあるが、土蔵との関係をどのように考えたらいいのだろうか。実は土蔵建築で年代の古いものは少ない。実用的な建築であって、壊れたらすぐ建て替えられることが多いのであろう。少なくとも近世前半までさかのぼる土蔵は少ないと思われる。考古学発掘遺構から土蔵であるかどうかを確定することも案外むずかしい。近世初頭の屏風絵類に描かれた土蔵が、その存在を証明してくれるだけである。

ただ土蔵が一方で存在しているところに、漆喰で塗り固めた城郭が出現して発展し、近世になって発展を止めて

弘前城天守。

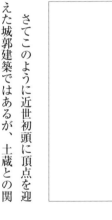

しまったということにはなるだろう。城郭建築は土蔵という基礎があったからこそあのような華麗な建築にまで達することができたというべきではないか。

江戸の場合、禁止されていた土蔵が一八世紀初頭に解禁されるとしだいに普及して、江戸時代後半には広範に普及し、さらに近代になると関東一円から全国的に土蔵造の町並があのように普及するのは、近世城郭から受け継いだ土蔵のもっているエネルギーの表現力が受け継がれたと考えることはできないだろうか？

土蔵造《どぞうづくり》の町並

column

町並保存というかたちで、全国各地で近世ないし近代の町並が再評価され、保存が進められている。その中にたとえば関東では川越や佐原・栃木、北陸で高岡に代表されるような土蔵造の町並が非常に多い。その多くは近世ではなく、近代になって大火などを直接のきっかけとして、耐火構造として建てられた町並である。

もちろん、近代的な消防体制や保険体制が十分整わない時期にあって、自力で財産を守ろうとした都市商人が選ぶ選択肢として大変有効なものであったが、それ以上に土蔵のもっていた重厚な表現が好まれたことが大きいだろう。

佐原の土蔵。

川越の土蔵造の町並。

5 民家と庶民住宅

近世の庶民住宅を「民家《みんか》」と呼び、支配階級であった武士の住宅様式である「書院造《しょいんづくり》」と対比させて考えることができる。

よく知られているように、江戸時代は「士《し》・農《のう》・工《こう》・商《しょう》」という身分区別があり、「士」すなわち武士が支配者であって、「農工商」すなわち農民・職人・商人が支配される側であった。したがって、武士の住宅が書院造、農民・職人・商人の住宅が民家ということになる。

ただこれは単純に住む人間から住宅を決めているだけであって、ここでは実際の建築様式から考える必要がある。建築史の立場からすると、書院造と同様に建築様式として民家を考えたい。民家という言葉は一般に住宅とほぼ同じような意味で用いられるので（一二○頁コラム参照）、ここでは建築史用語としての民家を強調したい。この民家は大きく農村の農家《のうか》と、都市の町家《まちや》に分けることができるが、ここでは、数として圧倒的に多く、近世社会を実質的に支えていた農村の農家で民家を代表させて考える。

民家という様式

日本民家園（川崎市）に移築復元されている旧北村家（一六八七年［貞享四］建築）を例として、その主屋の建築的な特徴をまず説明しておこう。

外観は、茅葺《かやぶき》の寄棟《よせむね》屋根で、全体的に土壁《つちかべ》がまわっていて閉鎖的である。向かって右正面の入り口である大戸《おおど》を入るとダイドコロと呼ばれる土間《どま》があり、竈《かまど》が設けられている。

土間に面した床上《ゆかうえ》であるヒロマとダイドコロと境には間仕切《まじきり》がないので、ほぼ中央に囲炉裏《いろり》を切った一つの大きな部屋であり、主屋の大半を占めている。

ヒロマの奥には床《とこ》の間《ま》と仏壇《ぶつだん》のある畳敷《たたみじき》のオクと、やはり畳敷の閉鎖的なヘヤが連なっている。天井はなく、ダイドコロとヒロマの上部には屋根を支える構造材である梁《はり》が縦横に組まれて意匠上の見せ場となっている。

このような民家の建築様式が、書院造とどのようにちがっているのかをまとめておくと、次のようになるだろう。

①土壁で囲われていて、窓や出入り口が少なく全体的に閉鎖的な構成である。

②室内における土間部分が大きく、土間に隣接した床上に囲炉裏がある。

③天井は張らないで、梁や垂木などの構造材や屋根をそのままみせている。

なお使い方として、農作業など生産

旧北村家正面外観。（この頁いずれも写真提供・川崎市立日本民家園）

旧北村家ダイドコロとヒロマ。

■旧北村家平面図

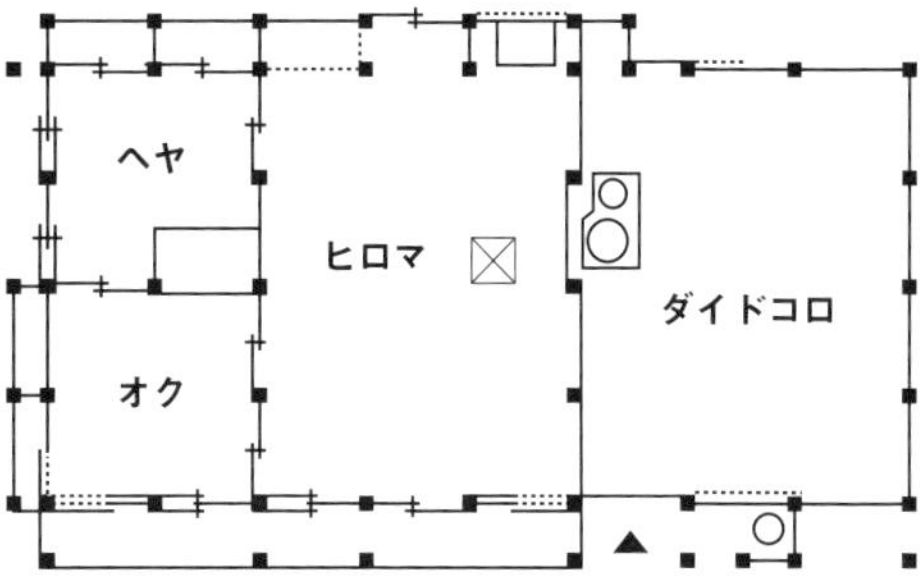

活動が内部で行われることと、主屋一棟の建物内部で寝食など生活に必要な機能が完結していることも書院造とは異なる大きな特徴である。

民家の地域的な特色

民家がそれぞれの地域独自の特色ある外観を示すことは早くから知られており、特徴的な外観をスケッチなどで収集することから民家研究は始まった。

その特色ある外観の形式は、「南部《なんぶ》の曲家《まがりや》」、「信州の本棟造《ほんむねづくり》」、「飛騨白川の合掌造《がっしょうづくり》」、「大和《やまと》の大和棟《むね》」などのように、多くの場合、地域名称と結びついたかたちで知られるようになってきた。つまりその地域の文化を代表するものとして民家形式があるということになる。では、このような民家の外観にみられる地域的な特色は、いつ頃から、どのようにして成立したのであろうか。

普通はまず、気候・風土、そして生活・産業などの地域独自の条件からその成立を説明しようとしている。これを「風土型」の特色としよう。もう一つは、地域独自の条件では説明できないもので、地域内におけるその家の家格や格式を表現していると考えられるもので、「格式型」の特色ということにする。この格式型は当然のことながら、その地域内の一部の民家に限られるのに対して、風土型は地域内の民家に広くみられるということになる。以下にそれぞれの代表的な特色をみてみよう。

◎風土型の地域的特色

風土型とみられる地域的特色の代表は「南部の曲家」であろう。曲家とは字義どおり、屋根の棟が一直線ではなくL字型に曲がっている建物のことで、平面も鉤型《かぎがた》になる。曲家という形は他の地方にもみられないわけではないが、南部の曲家の場合は、主屋《おもや》に対して突出した部分に馬屋《うまや》が置かれ、人と馬とが同じ屋根の下に暮らすということで知られる。

南部の曲家。（写真提供・遠野市立博物館）

合掌造。白川郷。

南部地方は古代以来馬の産地として知られ、近世においては南部藩が馬の飼育を奨励したこともあって、馬が大切にされ、冬期の寒冷な気候と豪雪に対応して、できあがったのが南部の曲家である。つまり南部地方独特の気候風土によってつくられた形式とみてよいが、実際にこの南部の曲家ができあがったのは意外に新しく、その構造の発展過程からみて一八世紀後半以降であるとされている。

飛騨白川村、越中五箇山など荘川流域の山間に分布している大規模な「合掌造」も、かつては大家族制などとの関係から中世以来の古い形式と考えられたこともあったが、文献による研究やその構造的な発展からみて、その成立年代は、一八世紀に入ってからと考えられている。この合掌造の場合は、大きな屋根を組むことによって二層三層につくった屋根裏を、養蚕《ようさん》の蚕室《さんしつ》として使うことできることになる。

養蚕は民家の形に直接的に影響を与えた最大の産業であり、近世後期から明治にかけての時期に、関東から東北にかけての地域には、養蚕のための民家形式がみられる。茅葺寄棟の屋根を蚕室の通風採光のために切り上げた形が、兜に似ていることから「兜造《かぶとづくり》」と呼ばれる山形県村山地方などにみられる形式や、やはり屋根の一部をもちあげる山梨県甲府盆地東部の「押上屋根」という形式もある。

兜造。致道博物館。

本棟造。塩尻市堀内家。(日本建築学会編『日本建築史図集』より)

◎格式型の地域的特色

一方の格式型の代表は、松本近郊の安曇《あずみ》平を中心とする長野県にみられる「本棟造《ほんむねづくり》」であろう。妻入《つまいり》の屋根はゆるい勾配の切妻《きりつま》・板葺《いたぶき》で、正面に大きな破風《はふ》をみせ、よく目立つ棟飾《むねかざ》りを設けている。

正面入口に並んで接客用の式台《しきだい》玄関を備え、書院座敷《しょいんざしき》を設けている。このような本棟造の主屋を構えることのできたのは、御館《おやかた》と呼ばれているような中世以来の系譜を引く上層の地主《じぬし》層のみで、他の多くの一般農民の住居は茅《かや》葺《ぶき》、寄棟《よせむね》、平入《ひらいり》の小規模なものであっ

中門造。秋田県奈良家。

摂丹型。民家集落博物館。

大和棟。大阪府吉村家。

「民家」は民家なのか

column

「民家」という言葉は、新聞やテレビのニュースで「民家に泥棒が入りました」とか「火事で民家が焼けました」というように使われており、一般には住宅とほぼ同じ意味で用いられている。ただ、「民」という字が入っているので、少なくとも大邸宅ではない、庶民住宅という意味合いで用いられていると思われる。

ところが建築史でいう「民家」は、近世の村の中でも最上層の、名主や庄屋などの村役人の規模の大きい住宅をもっぱら例として考えている。

これはそもそも第２次大戦前に民家調査が民俗学や地理学の研究者によって始められた段階で、屋根形式や外観の整った上層の農家がもっぱら調査対象とされ、「民家」と呼ばれるようになったことから始まったと思われる。

第２次大戦後に建築史研究者も参加して、広範囲の民家調査が行われようになっても、その地域の特色を示すようなある程度質の高い建物はどうしても村の上層に限られてしまうことが多かった。もともと一般庶民のありふれた住宅建物は耐用年限も短く、ほとんど残っていなかったことがあった。

ここで考えたいのは、民家の本来もっている庶民住宅という意味合いから少し離れることはあるかもしれないが、近世において、支配層の住宅様式である書院造とは明確に異なった民家という住宅様式が成立したということである。

た。

　つまり、本棟造の表現形式は、村の中での家格の高さを、他の一般農民に対して誇示するという意味をもっていたことになるだろう。

　このように妻を正面に向け、妻や破風を強調することによって家格を表現したと考えられる民家形式は、山形県から秋田県にかけての日本海側に分布する「中門造《ちゅうもんづくり》」、摂津《せっつ》と丹波《たんば》にみられる「摂丹型」などがあり、いずれも中世以来の武士の系譜を引くような上層農民の家格を表現していると考えられる。これらはいずれも成立年代が古く、近世初期にまでさかのぼるとみられている。

　それに対して大和と河内に分布している「大和《やまと》棟《むね》」（高塀《たかへ》造《づくり》ともいう）は、主屋中央の棟を一段高くして、やはり大庄屋などの家格を表現している形式であるが、成立したのはそれほど古いことではなく、一八世紀になってからのことと考えられている。

　これらの格式型の特色は、その成立期においては、村の中でもごく一部の最上層の農民の家にかぎられていたはずであるが、時代が下がるにつれてその区別はあいまいになり、下の階層にも用いられるようになっていく。これは村落内で、中世以来の御館層が徐々に没落し、新興の農民が力を持ち始めると、彼らがその表現形式を踏襲して家を建てるようになるからである。

広間型平面から田字型平面へ

外観だけではなく、間取りもみてお

民家の再生

column

　1960年代から始まった民家緊急調査によって、全国各地の民家の特色があきらかになり、重要なものは文化財に指定され、保存活用される道が開かれた。と当時に、その後の高度経済成長など日本社会全体の急激な変化のなかで、生活様式や価値観の変化にともない、民家は急速に姿を消していった。その意味で日本列島において民家という住宅様式がもっていた役割は終わったといってよいのかもしれない。

　ただ近年、このような民家を再評価する動きがあるようである。具体的には民家の再生である。今まで住んでいた人が、壊さないで積極的に改造してこれからも住み続けようということもあるが、移築して住み手が変わっても住宅として使われ続けることがある。

　今までも料亭などに移築利用された例はあったが、住宅として使われ続けることが重要である。これは民家に住み続ける際の最大の障害であった、冬の寒さなどに対応できる技術的な対応がつけやすくなったこともあるだろう。ただ何といっても、民家という住宅様式のもっていた住宅としての水準の高さに一部建築家だけではなく、多くの人がようやく気がついたからなのであろう。

　民家のもっている住宅様式としての意義にようやく気がついたというべきだろう。

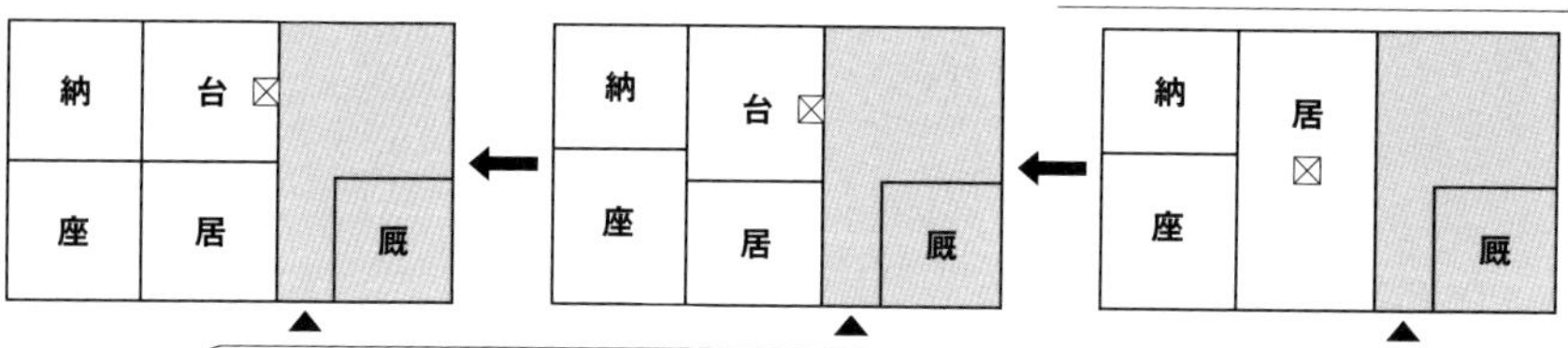

広間型三間取りより整形四間取りへの移行

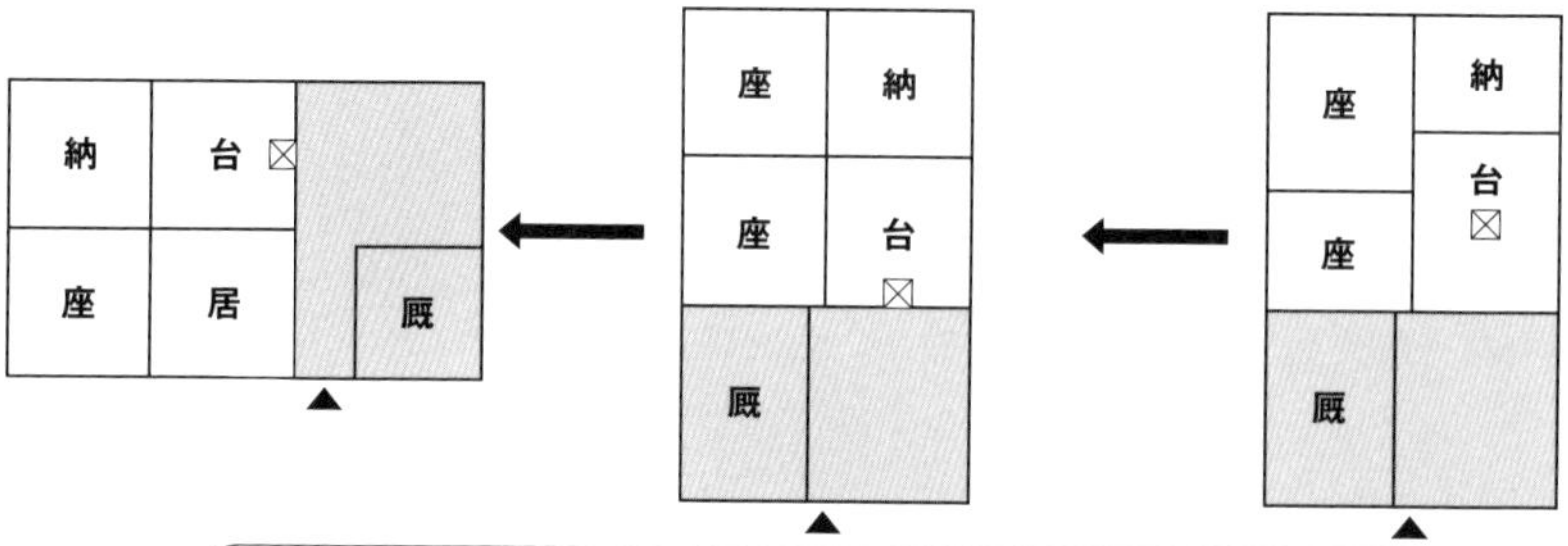

北山型より整形四間取りへの移行

こう。現在みられる民家の平面類型の中で数も多く、広く分布しているのは「田字《たのじ》型《がた》」と呼ばれる間取りである。

田字型とは土間を除く床上部分をちょうど「田」の字のように四つの部屋に分割した平面で、民家研究者のあいだでは「整形四間《せいけいよまど》取り」とも呼ばれている。

民家のもっとも発展した一九世紀後半の幕末から明治にかけての時期には、この田字型平面が全国に普及していた。ただ民家において田字型平面が成立したのは実はそう古いことではなく、近畿地方では近世初めにさかのぼるものの、それ以外の地方ではせいぜい一八世紀半ばからである。

というのは、現在は田字型平面になっているが、建物に残された改造の痕跡などから古い形に復原すると、かつては「広間《ひろま》型《がた》」であったというものが全国各地で確認されているからである。

広間型とは土間に面して大きなヒロマのある間取りのことで、旧北村家の復原された間取りは、大きな広間を中心に床上に三部屋あることから、「広間型三間《みまど》取り」と呼ばれている。この旧北村家も移築復原される前は、土間に面したヒロマを間仕切で前後に分けて田字型平面に改造していたのであり、広間型平面から田字型平面に改造された典型的な例といってよい。

なぜこのような改造が行われたのかについては、農家の生活様式が変わって、大きなヒロマを表側と裏側に分割して使う機能的な必要が生じてきたのだと考えることができるが、そのような改造の時期が、関東地方ではだいたい一八世紀後半以降である。

もちろんこの時期以後に新築された民家は最初から田字型平面でつくられている。つまり、この一八世紀後半から一九世紀にかけての時期に、日本列島内の大部分の地域で、広間型平面から田字型平面への大きな転換が行われたことになるだろう。

すべての間取りは田字型をめざす

ところが、大阪平野を中心とする近畿地方中心部およびその周辺部では、近世初期にすでに田字型平面があり、またその田字型平面の原型は広間型平面ではなく、先行平面としては「前座《まえざ》

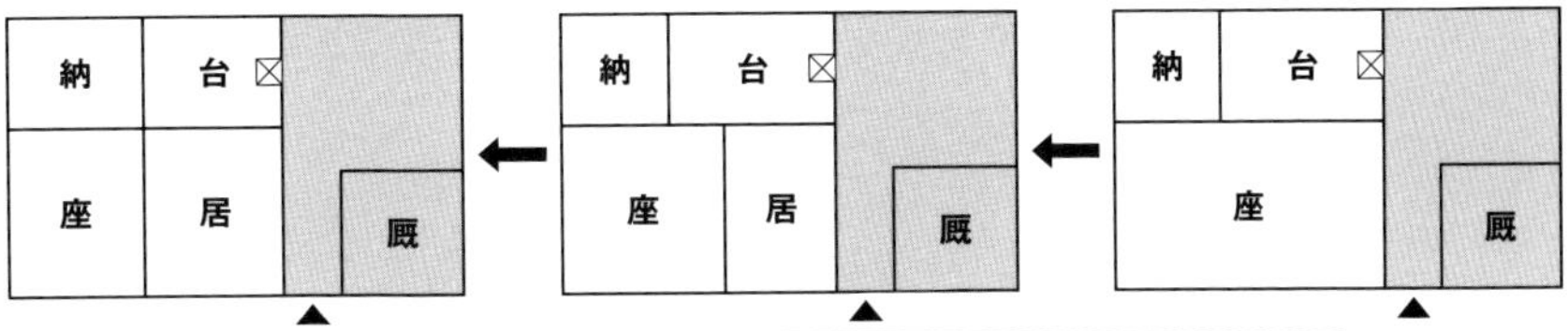

前座敷三間取りより整形四間取りへの移行

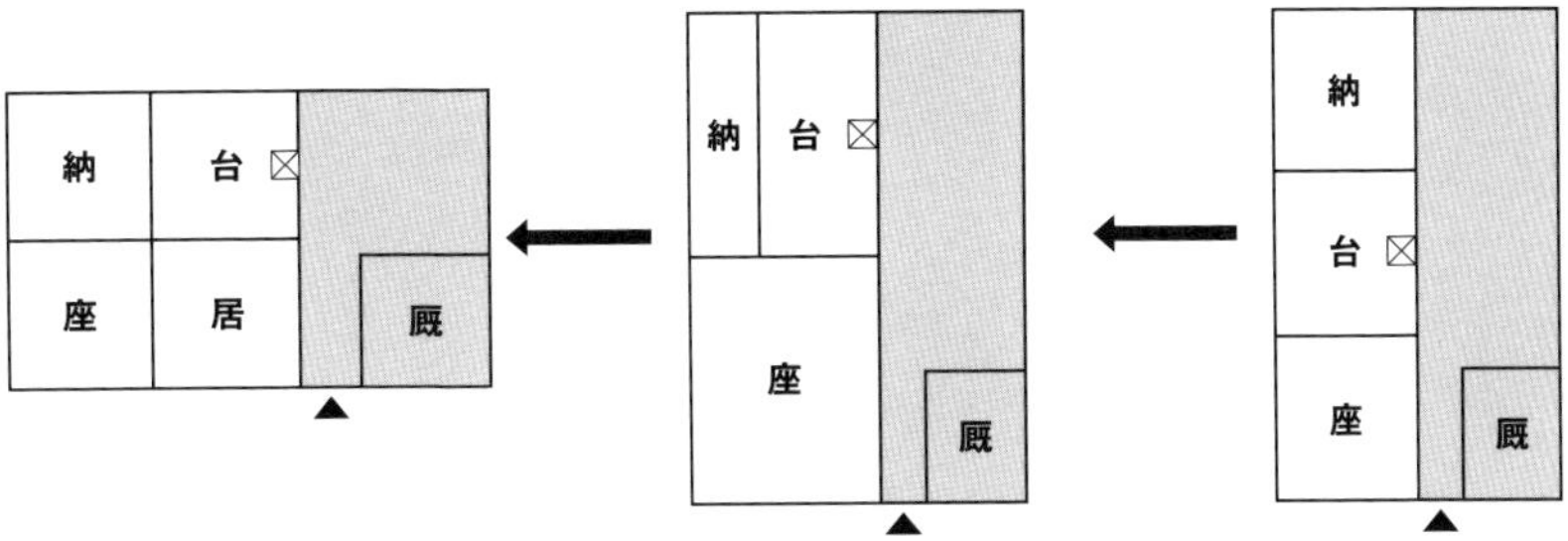

摂丹型より整形四間取りへの移行

台：台所
居：居間
納：納戸
座：座敷
厩：うまや

敷《しき》三間取り」を考えた方がよいことが確認されている。

前座敷三間取りとは土間に面してではなく、表側前面の庭に面してザシキと呼ばれる大きな部屋をとる平面である。つまり、前座敷三間取りの表に面したザシキを間仕切で前からみて左右に分けることにより、田字型平面が成立したと考えられ、広間型とは異なる経過で田字型平面が成立していたことになる。

近畿地方には、この前座敷三間取り以外にも「北山型」、「摂丹型」などの広間型ではない特徴ある間取りが存在していたが、模式図にも示したように近世中期以降、ほとんどすべての間取りが田字型平面に変化するという実に興味深い事実が認められるのである。

幕藩体制社会と近世民家の成立

このように地域により年代および経過に違いがあるとはいえ、民家平面が最終的には田字型平面に収斂しているということは何を意味しているのか。もちろん民家のおかれた社会全体の変化との対応関係を考えなくてはならない。この場合指摘できるのは、できあがった田字型平面には、床の間のある座敷と、それに続く座敷を確保するという傾向がほぼ共通してみられることである。つまり、村共同体の構成員として寄り合いのできるような床の間のある続き座敷が最低限必要とされたのであろう。

いずれにしろ、民家は、近世における地域ないし社会階層により多様な変化をみせながらも、書院造とははっきりと異なる共通した住宅様式として成立した。つまり幕藩体制社会と呼ばれる支配体制に対応したかたちで成立した書院造とはまったく別の系譜と成立過程をもつ、しかも共通の内容をもつにいたる民家という住宅様式が、多様性を含みつつも、日本列島の中で形成されたことになる。

参考文献

Ⅰ　日本建築史全般を取り扱ったもの

太田博太郎『日本建築史序説（増補第二版）』彰国社　1989・1947
太田博太郎『日本の建築』筑摩書房　1968
大岡 實『日本建築の意匠と技法』中央公論美術出版　1971
日本建築学会編『日本建築史図集』新訂版　彰国社　1981
玉井哲雄編『講座·日本技術の社会史第7巻「建築」』日本評論社　1983
太田・藤井ほか『日本建築様式史』美術出版社　1999
後藤 治『日本建築史』共立出版　2003
藤井恵介・玉井哲雄『建築の歴史』(中央公論社　1995) 中公文庫　2006

Ⅱ　寺院・神社建築

大河直躬『桂と日光（日本の美術)』平凡社　1964
稲垣栄三『神社と霊廟（ブックオブブックス)』小学館　1971
鈴木嘉吉『上代の寺院建築（日本の美術65)』至文堂　1971
太田・松下 他『禅寺と石庭（日本の美術)』小学館　1971
伊藤延男『密教建築（日本の美術143)』至文堂　1978
浜島正士『塔の建築（日本の美術158)』至文堂　1979
鈴木嘉吉『飛鳥・奈良建築（日本の美術196)』至文堂　1982
工藤圭章『平安建築（日本の美術197)』至文堂　1982
伊藤延男『鎌倉建築（日本の美術198)』至文堂　1982
川上 貢『室町建築（日本の美術199)』至文堂　1982
平井 聖『桃山建築（日本の美術200)』至文堂　1983
鈴木 充『江戸建築（日本の美術201)』至文堂　1983
山岸常人『中世寺院社会と仏堂』塙書房　1990
藤井恵介『日本建築のレトリック』INAX　1994
藤井恵介『密教建築空間論』中央公論美術出版　1998
関口欣也『増補鎌倉の古建築』(1997初版) 有隣新書　2005

Ⅲ　住宅建築

伊藤鄭爾『中世住居史』東京大学出版会　1958
伊藤ていじ『民家は生きてきた』美術出版　1962
太田博太郎『書院造』東京大学出版会　1966
太田ほか 編『民家のみかた調べ方』第一法規　1967
堀口捨巳『草庭』筑摩書房　1968
平井 聖『日本住宅の歴史』NHKブックス　1974
小泉和子『家具と室内意匠の文化史』法政大学出版局　1979
朱南哲・野村孝文訳『韓国の伝統的住宅』九州大学出版会　1981
大河直躬『住まいの人類学』平凡社　1986
太田静六『寝殿造の研究』吉川弘文館　1987
宮沢智士『日本列島民家史』住まいの図書館出版局　1989
張保雄・佐々木史郎訳『韓国の民家』古今書院　1989
川本重雄・小泉和子『類聚雑要抄指図巻』中央公論美術出版　1998
宮本長二郎『原始・古代住居の復元（日本の美術420)』至文堂　2001
川本重雄『寝殿造の空間と儀式』中央公論美術出版　2005
小泉和子『室内と家具の歴史』中公文庫　2006

トレース　小野寺美恵
　　　　　児島由美子

日本建築略年表

西暦	年号	建物事項	関連歴史事項
		三内丸山遺跡（縄文・青森）	
		吉野ヶ里遺跡（弥生・佐賀県）	
538			百済より仏像・経典導入
588		法興寺（飛鳥寺）起工	
607		法隆寺（斑鳩寺）完成	
623		四天王寺成立	
645	大化元年		大化の改新、蘇我氏滅亡
672			壬申の乱　飛鳥浄御原宮遷都
694			藤原京遷都
		法隆寺西院伽藍	
710	和銅3年		平城京遷都
730	天平2年	薬師寺東塔	
739	天平11年	法隆寺東院夢殿	
740	天平12年頃	東大寺法華堂	
751	天平勝宝3年	東大寺金堂（大仏殿）	
756	天平勝宝8年頃	正倉院正倉	
784	延暦3年		長岡京遷都
794	延暦13年		平安京遷都
		唐招提寺金堂	
		室生寺五重塔	
		室生寺金堂	
952	天暦6年	醍醐寺五重塔	
		法成寺無量寿院ほか	
		法勝寺金堂ほか	
1053	天喜元年	平等院鳳凰堂	
		宇治上神社本殿	
1107	嘉承2年	浄瑠璃寺本堂（九体寺本堂・京都）	
		三仏寺投入堂（鳥取）	
1180	治承4年		平重衡　南都焼討
1181	養和元年		重源　大勧進職
1192	建久3年	浄土寺浄土堂（兵庫県）	源頼朝征夷大将軍、鎌倉幕府成立
1198	建久9年	東大寺大仏殿落慶供養	
1199	正治元年	東大寺南大門（再建）	

1227	安貞元年	大報恩寺本堂（千本釈迦堂）	
1241	仁治2年	厳島神社社殿再建（広島）	
1253	建長5年	建長寺開堂供養	
1266	文永3年	蓮華王院本堂（三十三間堂）再建	
1305	嘉元3年	太山寺本堂（愛媛）	
1321	元応3年	明王院本堂（広島）	
1327	嘉暦3年	浄土寺本堂（広島）	
1333	元亨3年		鎌倉幕府滅亡
1398	応永4年	鹿苑寺舎利殿（金閣）	
		円覚寺舎利殿	
1405	応永12年	東福寺三門	
1425	応永32年	吉備津神社本殿・拝殿。東福寺三門再建	
1467	応仁4年		応仁の乱起こる
1485	文明17年	慈照寺東求堂	
1489	長享3年	慈照寺観音殿（銀閣）	
1540	天文9年	不動院金堂（広島）	
1571	元亀2年頃	土佐神社本殿・幣殿・拝殿（高知）	
1582	天正10年頃	妙喜庵待庵（茶室）（京都）	
1583	天正11年	神魂神社本殿（島根）	
1586	天正14年	日吉大社西本宮本殿（滋賀）	
1590	天正18年		江戸開府
1600	慶長5年		関ヶ原の戦い
1601	慶長6年	園城寺光浄院客殿	
1602	慶長7年	二条城二の丸御殿	
1603	慶長8年		徳川家康征夷大将軍、江戸幕府成立
1609	慶長14年	姫路城天守	
1613	慶長18年	松本城天守この頃	
1615	元和元年	桂離宮御殿群建築はじまる	大坂夏の陣、豊臣氏滅亡。一国一城令
1636	寛永13年	東照宮本殿・石の間および拝殿	
1637	寛永14年		島原の乱
1665	寛文8年	万福寺大雄宝殿	
1705	宝永2年	東大寺金堂（大仏殿）再建	
1744	延享元年	出雲大社本殿	
1756	宝暦6年	妙義神社本殿・幣殿・拝殿（群馬）	

●著者略歴

玉井哲雄（たまい・てつお）

一九四七年　兵庫県生まれ。

一九七〇年　東京大学工学部建築学科卒業。

一九七七年　東京大学大学院工学系研究科建築学専門課程博士課程満期退学。

一九七八年　工学博士（東京大学・「江戸町人地に関する研究」）。

一九八〇年　千葉大学工学部助教授。

一九九五年　千葉大学工学部教授。現在、名誉教授。

二〇〇六年　人間文化研究機構国立歴史民俗博物館研究部教授。現在、名誉教授。

専門分野　日本建築史・都市史。

主な研究課題は、中国大陸・朝鮮半島・日本列島の比較建築史研究、日本列島都市空間の中世近世転換過程に関する研究、絵画史料・考古学発掘史料による日本建築史の再構築。

著書・論文等に『江戸町人地に関する研究』（近世風俗研究会　一九七七年）、「近世都市と町家」『講座・日本技術の社会史』第七巻（編著）（日本評論社　一九八三年）、『江戸――失われた都市空間を読む』（平凡社　一九八六年）、『絵巻物の建築を読む』（編著）（東京大学出版会　一九九六年）、「都市構造と住文化の変容」『函館市史』通説編第四巻（編著　二〇〇二年）、『建築の歴史』（中公文庫　共著者・藤井恵介　二〇〇六年）など。

ふくろうの本

新装版

図説　日本建築の歴史　寺院・神社と住宅

二〇〇八年一一月三〇日初版発行
二〇二〇年　一　月二〇日新装版初版印刷
二〇二〇年　一　月三〇日新装版初版発行

著者……………………玉井哲雄
装幀・デザイン…………水橋真奈美（ヒロ工房）
発行者…………………小野寺優
発行……………………株式会社河出書房新社
〒一五一-〇〇五一
東京都渋谷区千駄ヶ谷二-三二-二
電話　〇三-三四〇四-一二〇一（営業）
〇三-三四〇四-八六一一（編集）
http://www.kawade.co.jp/
印刷……………………大日本印刷株式会社
製本……………………加藤製本株式会社

Printed in Japan
ISBN978-4-309-76290-6

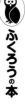